社科赋能山区（海岛）县高质量发展行动研究成果

浙江省未来乡村建设的探索与实践

——龙游县溪口镇样本研究

吴宏伟　等著

吉林大学出版社

·长春·

图书在版编目（CIP）数据

浙江省未来乡村建设的探索与实践：龙游县溪口镇样本研究 / 吴宏伟等著. -- 长春：吉林大学出版社，2023.12
  ISBN 978-7-5768-3059-0

Ⅰ.①浙… Ⅱ.①吴… Ⅲ.①农村-社会主义建设-研究-浙江 Ⅳ.①F327.55

中国版本图书馆CIP数据核字（2023）第255997号

书　　名	浙江省未来乡村建设的探索与实践——龙游县溪口镇样本研究 ZHEJIANG SHENG WEILAI XIANGCUN JIANSHE DE TANSUO YU SHIJIAN——LONGYOU XIAN XIKOU ZHEN YANGBEN YANJIU
作　　者	吴宏伟　杨婕屿　姜晨　何津松　赵盼盼　沈小龙
策划编辑	李承章
责任编辑	李承章
责任校对	赵　莹
装帧设计	贝壳学术
出版发行	吉林大学出版社
社　　址	长春市人民大街4059号
邮政编码	130021
发行电话	0431-89580036/58
网　　址	http://www.jlup.com.cn
电子邮箱	jldxcbs@sina.com
印　　刷	凯德印刷（天津）有限公司
开　　本	787mm×1092mm　1/16
印　　张	12.25
字　　数	260千字
版　　次	2024年4月　第1版
印　　次	2024年4月　第1次
书　　号	ISBN 978-7-5768-3059-0
定　　价	69.00元

版权所有　翻印必究

本书作者

吴宏伟　杨婕屿　姜　晨

何津松　赵盼盼　沈小龙

序

　　转眼间已来到2024年，距离团队首次和衢州市龙游县溪口镇合作接触已经过去了四年零九个月。这大约是我们在乡村振兴类单一项目上投入人力物力最多、聚焦时间最长的一轮探索，也是融合度最高的一次校地合作。

　　这些年，我们从参与溪口乡村未来社区建设到接续溪口未来乡村建设，一方面为衢州学院在服务山区高质量发展上积累经验、培养人才、培育业态，另一方面更是为龙南山区输送流量、师资、技术、青年等地方高校所能贡献的核心资源，在两相频繁的互动互助中，我们和溪口的居民和政府之间形成了较高的互信和默契，在一定程度上融合为一个多维多向度的团队。我们一起深化了面向乡村老年康养的体医融合项目，一起坚持了面向乡村孩子综合素质提升的普惠教育项目，一起推进了面向青年返乡下乡创业的乡村青创培训培育项目，更是一起落实了诸如新型农民培训、笋竹产业创新、自发热发糕开发、乡村电商等20多个具体项目，取得了省市部委相关部门的认可和支持，也获得了各个层次的荣誉和奖项，在此不做赘言。

　　我们在溪口的多年坚持，或许也表明校地合作是深化未来乡村建设、助推山区共富的一条现实路径。这条路径的现有实践反映出尚且存在的三个问题：供需衔接的问题，即如何推动高校下沉教育资源与乡村实际需求有效整合；资源转化问题，即如何将校地合作的教育服务转化为推动山区共富的发展资源；长效提升问题，即如何以校地短期合作撬动山区教育文化事业实现根本转变和长效提升。我们助力溪口未来乡村建设的实践探索或许能为此提供一些思考。

　　为优化龙南山区教育资源供给，我们在溪口未来乡村建立了"三全机制"。

　　一是全课程对接，实现山区教育一站式服务。衢州学院统合教师人才团队，打造龙南山区普惠教育综合体（浙江未来乡村学院），充分利用本地高校的区位

| 浙江省未来乡村建设的探索与实践 |

和通勤优势,建立"按需约课、即日送达、需求不断、服务不停"的教学互动机制,探索出"开门揖道、时时可学"的教师志愿者入驻模式,实现了山区教育一站式服务。二是全师资下沉,实现山区教育全年龄优享。衢州学院锚定龙南山区各年龄段各群体的不同教育需求,安排师资制定体系化课程,为不同人群提供全生命周期精准化教学服务。通过常态化派遣学前教育师资团队服务山区幼儿教育,派遣南孔学堂师资团队、成长课堂师资团队服务山区中小学生"双减"提质,派遣体医融合师资团队服务山区中老年居民健康改善,帮助龙南实现山区教育全年龄段普惠。三是全方位融合,实现山区教育根本性提升。衢州学院坚持"授之以鱼更要授之以渔"的理念,将师范教育资源提升作为教育普惠的重点,通过优质师范类师资入驻带动本地中小学教育和学前教育实现根本性提升。龙南山区大中小学教共体、附属幼儿园、家庭教育(家长教育)等载体和机制的构建在一定程度上助推了山区教育提质升级。

为助力人才引领山区高质量发展,我们在溪口未来乡村打通"三赋通道"。

一是培训赋力山区居民能力提升。为常态长效提升龙南山区居民的社会职业能力和再就业能力,衢州学院教师团队在龙南山区持续推进职业能力专题培训,包括农村职业经理人培训、农村电子商务培训、创办你的企业(SYB)创业培训、家庭农场主能力提升培训等十几种班次,全方位满足山区居民再发展的个性化需求。二是科技赋能山区产业提质增效。衢州学院充分发挥高校人才和科技优势,结合山区农业、竹笋产业、旅游产业等,与龙南山区地方政府合作共建数字农业经济博士创新站,有效推进富硒笋竹农业种植技术提升、竹材料研发、竹编工艺产品三维(3d)展示仿真建模、农文旅规划等科技助农项目落地,彰显了地方高校教育的产业共富效能。三是青春赋魂山区创新创业新潮。衢州学院高度重视新时代青年"上山下乡"双引双创工作,以赛引才、以赛促创,与当地政府合作参加浙江省乡村振兴创意大赛、浙江省大学生电子商务大赛,共同举办"溪口杯"乡村未来社区创新创业大赛、"一盒故乡杯"溪口乡村未来社区直播大赛等创业赛事,吸引了为数不少的创业团队和创业青年入驻龙南山区。

为助力打造新时代山区文化高地,我们在溪口未来乡村构建"三文体系"。一是口述研究深化山区文化挖掘保护。衢州学院地方文化研究团队深入开展龙南山区乡村文化和记忆挖掘,其中"黄铁矿口述史研究"团队通过对退休职工和家属的走访、座谈，进一步挖掘和保护当地的黄铁矿区域的发展历史，已形成超500分钟的影像资料采集和15万字的口述资料整理。二是人文梳理增进山区文化存续传承。地方文化研究团队协助龙游县积极开展《溪口镇志》编撰、龙南历史人文研究、龙南十大历史文化名人提炼等文化传承工作，有效地实现了山区文化的再生和传承。三是文创设计助推山区文化活化发扬。衢州学院文创团队致力于活化龙南山区文化，先后制定乡村文创产业方案《竹涧溪行——龙游溪口村乡愁文旅之路再设计》和《竹溪故里——龙游溪口古味品牌化设计与推广》，完成了龙游溪口未来乡村导视图、溪口 IP "笋宝竹宝"等设计，有效地推进了文化活化和文化产业化进程。

未来乡村建设的路径和模式多种多样，有效的实践探索层出不穷，我们在溪口的尝试只是浙江未来乡村建设浪潮中的一朵浪花。我们汗颜写出这本专著，把我们或许并不理想、并不成熟的一些经验和思绪作为"砖"抛出，希望能引出更多的"珠玉"。在恢弘的乡村振兴时代洪流中，我们团队对乡村的热爱，对祖国山河大地的情愫，尽可融为一滴尚可滋养一丝乡土的水珠，挥洒在这片山区。在我们与溪口的第二阶段合作即将开展之际，聊作此序，愿我们能一直坚持下去。

衢州学院美丽经济学院　吴宏伟

目 录

第一章 浙江乡村建设的现代化进程 ·· 1

第一节 乡村建设相关理论 ·· 1
第二节 中国农业农村现代化各阶段的指导思想 ····················· 5
第三节 浙江乡村建设历程 ·· 10
第四节 浙江未来乡村方略 ·· 22

第二章 溪口乡村未来社区：浙江未来乡村的先行探索 ············ 38

第一节 乡村未来社区的缘起 ·· 38
第二节 溪口乡村未来社区的设立 ·· 40
第三节 溪口乡村未来社区的建设内容 ·································· 44
第四节 溪口乡村未来社区的创新模式 ·································· 49

第三章 从溪口乡村未来社区到溪口未来乡村 ························· 56

第一节 溪口未来乡村的设立 ·· 56
第二节 溪口未来乡村的指导理念 ·· 57
第三节 溪口未来乡村建设的"一统三化" ····························· 60
第四节 溪口未来乡村的特色场景建设 ·································· 64
第五节 溪口未来乡村的基础场景建设 ·································· 81

1

第四章　溪口未来乡村的特色实践　100

第一节　党建联建赋能山区治理共富　100

第二节　青春联合会注入山区共富活力　107

第三节　未来乡村学院助推山区共富实践　115

第四节　校地合作推进山区教育共富　121

第五节　"一镇带三乡"模式推进山区共富　129

第五章　未来乡村的未来展望　140

第一节　未来乡村的社会治理形态　140

第二节　未来乡村的人文人居形态　151

第三节　未来乡村的产业经济形态　160

第四节　未来乡村的党建治理形态　171

参考文献　181

后记　184

第一章　浙江乡村建设的现代化进程

第一节　乡村建设相关理论

一、城乡统筹发展理论

19世纪末，英国著名城市理论学者埃比尼泽·霍华德（Ebenezer Howard）在其代表作《明日的田园城市》中提出了"田园城市"理论，这是一种旨在融合城乡各自优点的理想模型，实现城市与乡村的有机结合。

20世纪初，城市规划和社会生态学领域的重要人物，英国人帕特里克·格迪斯（Patrick Geddes）则提出了"区域规划"和"生态城市"理念，他在《进化中的城市》中认为城市并不是孤立的存在，需要强调城乡之间的有机联系和整体规划。

20世纪中叶，社会理论学家匈牙利人卡尔·波兰尼（Karl Polanyi）又提出了"双重运动"理论，他在《大转型：我们时代的政治与经济起源》中指出市场经济的发展导致了农村社会的解体和城市化的加速。他的分析为理解城乡关系的变化提供了历史和社会经济的视角。

20世纪末，日本制定了第四次《全国综合开发计划》，在该计划中强调城乡的协调发展。日本学者岸根卓郎在该计划的基础上，在《迈向21世纪的国土规划：城市融合系统设计》一书中提出应该充分挖掘城镇和乡村的各自优点，互相弥补各自的缺点，协同开发、协同并进，破除二者边界，建设城乡一体化的社会,让城市和乡村都更加美好。

我国国内学者在研究城乡发展时,也相继提出了城乡协调、城乡一体化、新型城镇化、公共服务均等化等概念。虽然这些概念之间存在一定的差异,但核心思想是要改变城乡分割的局面、建立新型的城乡关系、改善城乡功能和结构,使城市与农村在一个大的社会经济发展体系中实现统一,实现生产要素在城市和农村的合理配置,逐步消除城市和农村的二元结构。

二、城乡二元经济结构理论

1954年,诺贝尔经济学奖得主威廉·阿瑟·刘易斯(William Arthur Lewis)在《劳动力无限供给条件下的经济发展》一文中提出了著名的二元经济结构理论。他认为,传统自给自足的小农经济和现代城市工业经济二者在发展中国家内部并存,形成了二元经济结构。

1961年,费景汉(John C H Fei)、古斯塔夫·拉尼斯(Gustav Ranis)两位经济学家在刘易斯模型的基础上,把农业部门的发展融入分析框架中,形成了一个包括工业和农业的二元结构转变模式,即刘易斯-费景汉-拉尼斯模式[1],该模式成为分析古典主义框架下的二元经济问题的经典模式。该模式认为,劳动力转移分为三个阶段,而刘易斯的相关理论仅仅分析了第一阶段,即农业部门的边际生产率等于零,劳动力的供给弹性无限大,劳动力转移不会受到阻碍。第二阶段,随着农业劳动力的不断转移,农业部门边际生产率提高,农业总产品供给减少,引起农产品价格上涨,导致工业劳动者所需工资上升,工业部门利润下降,工业减少甚至停止扩张,因而劳动力转移受到阻碍。第三阶段,农业部门边际生产率超过制度工资水平,农业劳动力的收入不再取决于制度工资,而是由农业劳动边际生产率和市场共同决定。在该阶段,农业商业化,劳动力转移也进入商业化时期,农业部门与工业部门平衡发展。

刘易斯-费景汉-拉尼斯模式对我国经济发展产生了深远的影响。在我国的经济发展过程中,充分借鉴了该模型的一些思想和思路。我国曾经提倡先发展工

---

[1] 刘易斯-费景汉-拉尼斯模式是由美国经济学家费景汉和古斯塔夫·拉尼斯在1961年《经济发展的一种理论》一文中提出的。

业，然后反哺农业，最后带动整个经济社会向前发展，这和刘易斯-费景汉-拉尼斯模型是基本一致的，但工业化之后，我国对农业发展和整个农村建设还没有引起足够的重视，没有较好地把城市工业化与农村工业化结合起来，以致经济的二元分化特征更加严重，这是我国从城乡发展实践中得出的一个深刻教训。

三、农业发展阶段理论

1966年，根据发展中国家农业农村发展的具体情况和特定特征，美国学者美国农业发展经济学家约翰·梅勒（John W Mellor）在《农业发展经济学》一书中提出"梅勒农业发展阶段论"。该理论认为，农业发展包括三个阶段：一是传统农业阶段，具体特征是主要依靠大量的投入来获取更多的农业生产，资源和人力的消耗大、技术水平低；二是低资本农业阶段，该阶段技术有所发展，主要利用自有资金发展农业；三是高资本高技术阶段，该阶段的技术高度发展，开始大量利用外界资本进行合作。

20世纪70年代之前，美国农业经历了一段较长时期的发展，农业技术和生产方式都发生了很大的变化。但同时，美国农业也面临许多挑战，需要新的理论指导。在这个背景下，美国经济学家拉南·韦茨（Raanan Weitz）在《从小农到农场主：一个演进的发展战略》中提出了"韦茨农业发展阶段论"。该理论也将农业发展划分为三个阶段：仅维持生存的农业阶段，特点是自给自足；混合农业阶段，特点是包含多种经营和收入来源；现代化商品农业阶段，特点是专业化、大规模生产。

日本农业经济学家速水佑次郎在20世纪70年代初与美国农业发展经济学家弗农·拉坦（Vernon W Ruttan）在合著的《农业发展的国际分析》一书中提出了以农业技术和制度变迁理论为基础的农业发展理论，之后速水佑次郎和神门善久还根据日本经济发展实践，在《农业经济论（新版）》一书中提出了"速水农业发展阶段论"。他认为农业发展会经历农业产量提升、农民收入提升以及农业质量提升三个阶段。具体来说，在农业产量提升阶段，农业的主要目标是保障食物供应、提高农业生产效率，增加粮食产量；在农民收入提升阶段，农业需要解决农村贫困问题，提高农民收入水平，缩小城乡差距；在农业质量提升阶段，农业则需要注重农产品的品质和种类，以适应市场需求的变化。

对农业发展阶段理论进行研究，一方面可以准确了解国内农业发展现状和发展阶段；另一方面对我国农业在整个国民经济发展中所处的位置、对农业不同发展阶段所具有的特点、对农业与其他产业的相互关系，都能做到心中有数。

四、马克思的农业农村现代化理论

在农业发展和农业现代化道路的历史和实证研究以及农业发展的未来社会主义前景等方面，马克思都有比较丰富的理论，他在《工资、价格和利润》《资本论》和《1861—1863年经济学手稿》等著作中提出了关于农业的基础地位、土地制度的现代化、农业技术的现代化、农民素质的现代化等思想观点。这些理论阐述了农业发展的内在规律，为我国解决农业现代化问题、制定农业现代化政策奠定了扎实的理论基础。

在《资本论》中，马克思（Karl Heinrich Marx）认为农业发展有不同的阶段。他为此提出了"封建制度下的农业"和"资本主义制度下的农业"概念，并分析了这些制度下的农业生产方式和农村社会结构。他还指出，传统农业向现代农业转变具有必然性，即传统小农经济必将被现代农业所取代。

马克思还认为，农村社会的变迁和转型是现代化进程的重要组成部分。他分析了农村社会结构的变化、农民的角色和地位、农村文化的传承和发展等问题，提出了"城乡融合"的思想，认为城乡之间的差距将逐渐缩小，城乡之间将实现平衡发展。

此外，马克思还强调了城乡关系的重要性。他认为，城乡关系的演变是与社会制度紧密相关的。在资本主义制度下，城乡关系是割裂的，城市资本家和农村农民之间存在着剥削和压迫的关系。而在社会主义制度下，城乡关系将逐渐实现融合和一体化，城市和农村之间的差距将逐渐缩小，实现生产力的均衡布局和资源的共享。

同时，马克思还强调了科学技术对于工业革命和农业发展的重要性。他认为，在工业革命的影响下，科技发展可以有效提升整个社会的生产力水平；在农业领域，科技发展对于农产品产量提升、品质提升也都有显著的作用，可以改善农民的生产条件和生活水平。

马克思这些关于农业现代化发展的理论，为我国政府制定科学有效的农业政策提供了有力的理论指导。

第二节 中国农业农村现代化各阶段的指导思想

一、新中国成立后的农业农村现代化指导思想

1954年召开的第一届人大一次会议第一次提出要实现"四个现代化"：工业现代化、农业现代化、国防现代化和科学技术现代化。这个理念的形成是基于中国想要摆脱落后农业国状态，追赶并达到世界先进水平的愿望。在农业现代化方面，党中央继承并发展了马克思主义关于农业现代化的理论，用以指导和处理农业现代化过程中出现的新情况、新问题。为了实现农业的现代化改造，党中央首先完成了土地革命。1949年3月5日至13日，中共七届二中全会在西柏坡召开，会议决定联合贫下中农，采取适合于各地区的土地政策，分批分期地消灭地主阶级，将地主手中的大量土地转回农民手中，使耕者有其田，农业生产力得以大大解放，为我国的农业现代化奠定了制度基础。

其后，我国先后经历了农业生产合作社、农业大生产运动。新中国成立初期的农业生产合作社是在当时农村生产力水平低下的背景下，为恢复生产，采取自愿互利的原则，将农民组织起来，共同占有生产资料，实行民主管理，按劳分配。这种组织形式在当时起到了积极作用，提高了粮食的产量、改善了农民的生活，因而得到了政府的支持和推广，成为当时农村改革的重要内容之一。农业生产合作社后来又形成了多种模式，现在已经成为一种具有中国特色、适应市场经济的新型农业经营主体，在推进农村现代化方面发挥了积极作用。

此外，党中央还深刻认识到科学技术对发展现代农业的重要性，于1956年1月提出了农业增产的八项措施，被概括为农业"八字宪法"，即"土、肥、水、种、密、保、管、工"。

从总体上看，新中国成立初期，通过土地革命、农业生产合作社、农业大生产运动、农业科技改造等，奠定了我国农业现代化的良好基础。

二、改革开放后的农业农村现代化指导思想

改革开放后，党中央重新部署了以经济建设为中心的各项工作。继续推进农业现代化发展，把我国建设成为社会主义强国，在20世纪末达到实现"四个现代化"的基础条件，这是当时摆在党中央面前的首要任务。其中，农业现代化是"四个现代化"之本，也是改造难度最大的一项工作。

在如何实现农业现代化的问题上，党中央提出，我国的农业现代化不能简单地走西方国家或苏联走过的路，要探索符合中国实际情况的路子。在十一届三中全会上，党中央确立了将管理权与所有权分离、提高生产力的家庭联产承包经营责任制。中国的农业生产逐步开始以市场为导向，改变了以往过于依赖行政命令和指令性计划的做法，对于全面推进我国的改革起到了很好的示范作用，也大大促进了我国农业生产力的发展。

之后，党中央又采取了一系列措施来支持农业发展，包括对农业的财政投入、信贷支持和技术培训等。例如，在20世纪80年代，国家推行"以工补农"政策，从乡镇企业纯收入中，按一定比例提取，由地方各级人民政府支配，用于本地区发展农业基础设施，有力地推动了农业农村基础设施建设，改善了农业生产条件。另外，改革开放后，党中央也看到了农业生产结构产生变化的现实。为了适应市场需求，农业开始从单一的粮食生产向多种经营转变，如蔬菜、水果、畜禽等农产品的生产和加工。同时，农业产业化进程加快，农民也开始参与到农业生产、流通和服务等各个环节中来，形成了现代农业产业体系。在此期间，农业科技不断发展，农业生产力水平不断提高，农业科技得到普及和发展。

总的来看，改革开放后到十三届八中全会之前的这段时期是中国农业现代化取得突破性进展的关键时期。这一阶段的思想主要是以市场为导向，重视科技在农业中的运用。尽管面临诸多挑战，但得益于科技进步、政策引导和社会各界的共同努力，中国农业实现了快速转型。

三、十三届八中全会后的农业农村现代化指导思想

十三届八中全会后,中国农业现代化发展进入一个新的重要时期。在这个阶段,中国的农业现代化取得了显著成效,但也面临着一些新的问题和挑战。

在理论上,我国开始出现了一些新的农业发展思想。例如,"适度规模经营"理念,强调根据当地的实际情况,灵活选择适合的农业经营模式;"多功能农业"理念,提出将农业生产、生态服务和休闲观光等功能有机结合起来,发挥农业的多功能性。

在实践上,我国农业现代化也出现了以下几个方面的突破:一是积极推进农业结构调整,大力发展特色农产品和优势产区农业,提高农产品的质量和竞争力;二是加强农业科技创新。在此期间,我国成功研制出一系列新型农业机械和设备,大大提升了农业产量和效率;三是开始重视农业生产与环境保护之间的关系,通过科学合理的方式使用化肥、农药,减小了农业对环境造成的负面影响;四是深化改革,完善农村经济体制,这段时间,我国进行了多次农村体制改革,如农村税费改革等,促进了农业的市场化进程。

在农村教育方面,形成了一些具有特色的教育兴农思想和举措。在这一时期,加强农村科技教育和科普工作,把科技知识转化为农业生产实践,提高农业技术含量和生产效率,成为教育兴农的重要内容。此外,我国也强调职业教育和成人教育的重要性,例如针对农民的特点和需求,开设了大量的农村职业学校和夜校。这些举措,对提高农民的素质,推进农业现代化起到了重要作用。

科技兴农的思想同样受到高度重视。我国此期加强了农业科技研究和开发工作,引进了先进的农业技术和经验,实施了一批农业重大工程项目,有效地推动了农业生产的技术更新换代。此外,还建立了一系列农业科研机构,加强了农业科技服务体系建设,使农民能够更快更方便地获取农业科技信息和解决方案。同时,强调农民的科技培训,在各地举办了许多农业技术培训活动,普及了农业科技知识。

总之,十三届八中全会后,科技兴农、教育兴农、产业兴农的思想得到了全面落实,为我国未来的农业现代化道路奠定了坚实的基础。

四、党的十六大后的农业农村现代化指导思想

2002年党的十六大后,中国农业产业发展获得了长足的进步。党中央出台了一系列政策措施来促进农产品生产标准化、品质安全化、加工精深化等关键环节的发展,并对食品和饲料等行业进行了规范管理,以确保农产品的质量和安全。此外,还加大了农业科技创新力度,加快农作物新品种的研发与推广,并建立和完善农产品市场体系,推动农产品向多元化发展。

中国农村社区也在不断发展和变化。党中央采取了一系列措施改善农村基础设施和公共服务设施,如加大对农村公路、供水、供电等方面的投入,以及提升农村医疗卫生、教育文化等基本公共服务能力。此外,还积极开展乡村治理改革,探索建立健全多元化村级自治组织体系,以提升农村社会治理能力和水平。

2003年,"三农"问题被写入政府工作报告,并成为政府需要解决的头号问题。2005年,党的十六届五中全会上,"三农"问题被正式提出。党中央强调,首先要持续加大农业投资力度,增加农业基础设施建设和农业科技创新投入,提高农业生产效率;其次要进一步深化农村土地制度改革,完善土地承包经营权制度,积极探索农村土地流转的有效途径,促进农村经济结构调整;再次要加强农村金融服务,改善农村金融服务体系,提供更加便捷的金融支持和服务,扩大农村信贷投放,降低农民融资成本,以帮助农民更好地开展经营活动并获得贷款资金的支持;最后要加强农村生态环境保护,强化农村环境卫生整治,改善农村人居环境等。关于"三农"问题的这些思想和举措,对我国农业、农村、农民的健康发展起到了重要作用。

党的十六大后,农村居民生活水平得到明显改善,农村的整个社会面貌发生了深刻的变化,农业农村现代化水平得到了明显提升。

五、党的十八大后的农业农村现代化指导思想

2012年党的十八大以来,党中央一直积极发展农业农村现代化,并形成了许多实践理论和思想成果。

第一章 浙江乡村建设的现代化进程

在实践中，党中央采取了一系列政策措施引导农村土地有序流转，促进农业规模经营，让农民获得更多土地收益。通过提高社会化服务水平，帮助农民解决生产中遇到的实际问题。同时，政府还实施了脱贫攻坚战，推动贫困地区的农村经济发展，使更多人受益于农业农村现代化的成果。

在理论上，党中央强调将绿色发展理念贯穿到农业农村现代化建设中，注重保护生态环境，提高农业的生态效益和社会效益。党中央将城乡一体化发展作为推动农业农村现代化的重要途径，通过合理分配城乡资源，推动城乡经济社会发展协同共进。同时，党中央明确指出尊重农民的主体地位，在新农村建设中发挥农民的主体作用，激发农民的创造力和积极性。

在思想上，党中央强调要坚持以下五点：一是坚持以人民为中心的发展思想，将人民群众的利益放在首位，让农民分享更多的发展成果和利益，改善农民的生产生活条件。二是坚持全面深化农村改革，激发农村要素活力和发展动力，通过进一步的农村土地制度改革，激活农村发展活力。三是坚持创新驱动发展，鼓励和支持各类创新主体在农业农村领域开展科技创新和模式创新，推动现代科技在农业农村中的广泛应用。四是坚持全球化视野，将中国农业农村发展放在全球化背景下进行谋划和布局，积极参与全球农业合作和竞争，推动中国农业走向世界舞台。五是坚持党的领导，加强党对农业农村工作的领导，在基层党组织的宣传和示范带动下，推动党的政策和各项工作在农村得到有效落实。

党的十八大后，我国脱贫攻坚战取得了全面胜利，"三农"工作重心转向全面推进乡村振兴，农业农村现代化实践、理论和思想均取得了显著突破，打开了农业农村现代化事业长远发展的新开端。

第三节 浙江乡村建设历程

一、浙江乡村建设的思想、理念和内涵

（一）浙江乡村建设的指导思想

改革开放后，中国经济迅速发展，人民生活水平大幅改善。但是，城乡之间却一直存在着明显的发展不均衡现象，城乡二元结构的差距日益扩大，如城乡基础设施建设等人居环境的差距、城乡居民收入和就业机会的差距、城乡教育医疗卫生交通等公共服务方面的差距等。

2003 年，浙江省委省政府提出"发挥八个方面的优势、推进八个方面的举措"的"八八战略"指导思想：一是进一步发挥浙江的体制机制优势，大力推动以公有制为主体的多种所有制经济共同发展，不断完善社会主义市场经济体制；二是进一步发挥浙江的区位优势，主动接轨上海、积极参与长江三角洲地区的合作与交流，不断提高对内对外开放水平；三是进一步发挥浙江的块状特色产业优势，加快先进制造业基地建设，走新型工业化道路；四是进一步发挥浙江的城乡协调发展优势，加快推进城乡一体化；五是进一步发挥浙江的生态优势，创建生态省，打造"绿色浙江"；六是进一步发挥浙江的山海资源优势，大力发展海洋经济，推动欠发达地区跨越式发展，努力使海洋经济和欠发达地区的发展成为浙江经济新的增长点；七是进一步发挥浙江的环境优势，积极推进以"五大百亿"工程为主要内容的重点建设，切实加强法治建设、信用建设和机关效能建设；八是进一步发挥浙江的人文优势，积极推进科教兴省、人才强省，加快建设文化大省。

"八八战略"把推动城乡融合发展提升到了一个新的战略高度，拉开了浙江城乡一体化发展的序幕。截至 2023 年，"八八战略"已在浙江实施 20 年。20 年间，在"八八战略"的引领下，浙江成为全国第一个实现全面脱贫，特别是农

村人口脱贫目标的省份；成为全国城乡居民收入差距最小的省份之一，连续多年实现乡村居民人均可支配收入在所有省份中排名第一。总的来说，"八八战略"不仅推动了浙江经济的高质量发展，也有力地推动了浙江乡村的振兴，让农业生产更加丰富高效、让乡村环境更加和谐宜居、让农民生活更加富裕幸福，也让浙江乡村迎来了前所未有的崭新面貌。

（二）浙江乡村建设的基本理念

1. "两山"理念

"两山"理念源起于浙江安吉余村，是一种生态发展理念、一种绿色可持续发展理念。

20世纪八九十年代，余村人靠挖矿、建水泥厂，日子过得红红火火。然而，环境污染问题也随着经济的粗放发展而日益凸显。2003年至2005年，安吉县确定了"生态立县"的立场，该村也陆续关停了矿山、水泥厂，开始封山育林、保护环境。2005年8月15日，时任浙江省委书记的习近平同志在安吉天荒坪镇的余村考察时，充分肯定了该村关停矿山和水泥厂的做法，并点评说："一定不要再想着走老路，还是迷恋着过去的那种发展模式。所以，刚才你们讲了，下决心停掉一些矿山，这个都是高明之举。绿水青山就是金山银山。我们过去讲既要绿水青山，又要金山银山，实际上绿水青山就是金山银山。"[1] 这是"两山"理念首次在公开场合被提出。

在"两山"理念的指引下，余村已经实现了绿色发展。如今的余村，郁郁葱葱的竹林、清澈见底的小溪、宽阔整洁的街道、错落有致的农家小院和乡间别墅，都让人眼前一亮。近年来，余村还成功创建了国家3A级旅游景区。截至2022年年末，余村人均纯收入达6万余元。在2023年年初的年终分红大会上，每个余村村民都拿到了差不多2000元的红利。

2. "美丽乡村"理念

2012年，党的十八大首次把"美丽中国"作为生态文明建设的宏伟目标；2015年，在党的十八届五中全会上，"美丽中国"正式被纳入"十三五"规划，

---

[1] 绿水青山就是金山银山——习近平总书记在浙江的探索与实践［EB/OL］.（2017-10-08）［2023-11-15］. http://www.pazjw.gov.cn/yaowen/201710/t20171010_5306583.shtml.

而美丽乡村则是"美丽中国"在乡村的具体表现；2013年12月，在中央农村工作会议上，党中央又提出"中国要美，农村必须美"。

浙江的美丽乡村建设最早可以追溯到2003年推进的"千万工程"，即"千村示范、万村整治"工程，当时主要是为了解决村庄环境"脏乱差"的问题，营造乡村的"形态美"，后来逐渐又将乡村"内在美"提到了重要的位置。

在"千万工程"的建设过程中，浙江积累了大量的经验和教训。在此基础上，浙江省进一步提出了"美丽乡村"理念，并发布了《浙江省美丽乡村建设行动计划》，旨在通过加大投资力度，加快城乡一体化进程，推进生态文明建设，提高农村基础设施水平和农村公共服务能力。

此后几年，越来越多的地方出现了美丽乡村建设的典型案例。基于此背景，2014年，浙江省人民政府发布了关于印发《浙江省美丽乡村建设行动计划》的通知（浙政发〔2014〕49号），标志着浙江省新一轮美丽乡村建设进入全面实施阶段。在这份计划中，明确提出要在五年内基本建成"环境优美、设施完善、管理有序、服务优质、民风文明"的美丽乡村，并强调要立足实际，因地制宜，注重特色，形成一户一品、一家一景的格局。《浙江省美丽乡村建设行动计划》作为一个系统性、综合性强的政策文件，不断推动着浙江乡村走上绿色发展、高质量发展的新路子。

（三）浙江乡村建设的基本内涵

1. 浙江乡村建设是一条科学发展之路

浙江的乡村建设，是一条充分统筹城乡发展、兼顾二者平衡的科学发展之路。一方面，浙江把城市和农村整合起来，从全局的角度去把握，打破城乡二元结构，在基础建设、产业结构、信息资源、市场政策、生态环境、社会事业等方面推进城乡一体化，把城镇工业与乡村农业、城镇建设与乡村改造、城镇资本与乡村资源、城镇居民与乡村村民作为一个整体统筹考虑。另一方面，浙江做到了立足乡村乡情，发挥地方特色。推进城乡融合不是简单的"复制粘贴"，把乡村变成另外一个"城市2.0"，而是要在规划布局中充分考虑地域特点、乡土人文气息，在升级改造过程中避免"一刀切、全部推倒重建"，保留当地原有的地理人文风貌，打造出一个个有自己的"个性"、有自己的乡土人文情怀、特征鲜明的乡村。

2. 浙江乡村建设是一条生态文明之路

浙江的乡村建设，也是一条生态文明之路，是一条环境友好的发展之路，"绿水青山就是金山银山"，浙江以"两山理念"为指导，以整治乡村环境"脏乱差"为抓手，把打造秀美乡村人居环境作为农村建设的重要方向。一方面，浙江整体农村人居环境和生态环境，经过多年的村庄道路硬化、农村路灯亮化、河道生态净化、村庄庭院美化、杆线规整排序、垃圾集中处理等多方面的整治和提升后，得到了有效改善。另一方面，浙江把村庄环境整治与打造绿色生态乡村、走生态致富道路结合起来，挖掘包装乡村自然资源、绿色资源和特色资源，在提升村容村貌的同时，也走出了一条绿色经济之路。

3. 浙江乡村建设是一条产业发展之路

浙江的乡村建设，又是一条乡村集体经济不断壮大、乡村产业不断发展之路。浙江在农村建设中始终把培育壮大农村企业、发展农村产业作为落脚点。一是以点带面，积极开展农民培训，培育现代经营体系；鼓励农户与村集体合作，在村里形成连片经营区域，提升整体生产经营竞争力，结束过去"单打独斗、各自为战"的小规模农户经济模式。二是发展乡村文旅，围绕浙江乡村秀美风光和文化底蕴，发展乡村研学游、乡村休闲游、乡风民俗游，带动乡村民宿、农家乐、乡村特色老街发展。三是鼓励浙商、乡贤回乡发展，引导在外浙商回乡投资，利用乡情、亲情吸引在外乡贤回乡创业，带动村民就业。四是大力发展农村电子商务，与电商深度合作，开展农村淘宝合伙人等农村电商服务人员培训活动，推进农村淘宝、淘帮手等在内的农村电商项目落地，健全农村电商生态体系。五是打造乡村特色品牌，如安吉白茶、凤桥水蜜桃、江山猕猴桃、缙云烧饼、普陀佛茶、龙游发糕、仙居杨梅……值得一提的是，近年来衢州常山的柚子汁品牌柚香谷双柚汁出圈成为"网红"，使得原本难以吸引年轻人的胡柚摇身一变成为年轻人手里的香饽饽，带动常山农民增收达10亿余元。

4. 浙江乡村建设是一条文化发展之路

浙江的乡村建设，还是一条经济发展与文化发展并重、不断发掘乡村文化内涵之路。生态环境建设是基本、产业经济发展是保障，在此基础上，浙江把乡风文明发展和乡俗文化传承作为二者可持续发展的关键。一是在全省范围内打造农村文化礼堂。礼堂内，村民们能唱能跳、能看戏、能看报纸、能写能画，改变了过去打牌赌博、搞封建迷信活动、缺少精神生活的状况，礼堂成了乡亲们的心灵家园。二是传承乡村民间艺术。民间艺术形式多种多样，除了传统的音乐、舞蹈、戏曲、杂技，非遗品牌和非遗传承人、乡村工匠、乡村研学、乡村农民画、乡村文化演出等诸多新形态也很好地发扬了乡村民间艺术。三是挖掘整理包装村里的历史风俗。建立传统古村落保护名录，针对传统村落进行集中连片保护利用发展，保护古韵古风的历史建筑，挖掘包装村里的文化遗产。四是做好文化与旅游的双向融合。以"乡村文化+旅游"的形式，开拓旅游新的增长点和新思路，给游客全新的旅游和文化体验，既发扬了乡村文化，也给村民带来了更多收入。

二、浙江乡村建设的历史进程

（一）改革开放前的浙江乡村建设

1. 阶段一（1949—1957年）

1949年新中国成立之初，浙江农民人均纯收入只有47元，比1936年抗战前下降了27元。为了尽快恢复农业生产，改善农民生活，浙江省人民政府在农村开展了一场声势浩大的减租减息运动，农民因此减回了大量租谷，生活得到初步改善。

1950年开始，浙江农村实行土地改革，全省72.9%的农民分得了土地。土地改革解放了农村生产力，全省农业生产得到较快恢复和发展。到1952年，农村居民人均纯收入增至73元，比1949年增加55.3%。

从1953年起，浙江农村又开始了互助合作运动，农业合作化于1956年全面实现。农业合作化促使农户的各种生产要素合理组合，克服了农民单家独户生产中所不能克服的困难，实行互助合作的家庭农业普遍增产。1955年全省农村居民人均纯收入达到96元，比1952年增长31.5%，农民收入增长迅速。但1957年，全省农村居民人均纯收入则为87元，比1955年下降了9.4%，这主要是因为农业合作化运动后期，步子迈得太快，要求过急，工作过粗，形式过于简单划一，直接影响了农民收入。

2. 阶段二（1958—1965年）

1958年，全国开始"大跃进"运动，人民公社化，农村生产一度遭到破坏，加之自然灾害，这段时间农业全面减产，农民收入一度降低。

1961年，中央纠正了"大跃进"运动的方向问题，在提高农副产品收购价格的同时，允许农民经营自留地，发展家庭副业，调动了农民生产积极性，使得农民收入水平又重新开始上升。

1965年，全省农村居民人均纯收入133元，比1957年的人均纯收入87元增长52.9%，年均增长5.4%。

3. 阶段三（1966—1978年）

1966年，"文革"在全国范围内展开，"按劳分配"原则被否定，农民被束缚在耕地上从事农业生产劳动，劳动生产率低下，许多地区一个工时只值几毛钱。同时，片面强调"以粮为纲"，不仅粮食生产上得不快，而且不断削减经济类作物产量，农民收入不升反降。

直到20世纪70年代初，浙江农业生产才慢慢恢复到"文革"之前的水平。到1978年，全省农村地区人均收入达到165元，比1965年增长24%，年均仅增长1.6%。

（二）改革开放后的浙江乡村建设

1. 阶段一（1978—1991年）

1978年，十一届三中全会胜利召开，党中央通过了《中共中央关于加快农业发展若干问题的决定》，对农村政策做出了重大调整，制定了有助于农业和农村发展的新政策和新方案。

1982年，浙江大幅度地提高农副产品的收购价格，并在全省范围内落实农村家庭承包责任制，调动了农民的生产积极性，使农村长期积累起来的增产潜力集中释放，农业普遍增产。那一年，浙江全省农村居民人均纯收入达到346元，比1978年的165元增长了1.1倍，绝大多数农户解决了温饱问题。

得益于农业生产的快速发展和劳动生产率的不断提高，以乡镇企业为代表的农村二、三产业迅速崛起。1991年，全省乡镇企业发展到51.4万家，总产值突破千亿大关，是1978年的7.3倍。

2. 阶段二（1992—2001 年）

20 世纪 90 年代，浙江农村居民收入实现了高起点的持续稳定增长，浙江经济进入了新一轮的活跃期。

1992 年，党的十四大的召开在中国改革开放史上具有里程碑式的意义。在这次会议上，我党首次明确提出建立社会主义市场经济体制这一改革目标，标志着中国的改革开放进入全新的阶段，意味着在国家宏观调控下，市场机制将成为资源配置的主要方式。

与此同时，浙江开始探索实施"两田制"（口粮田和责任田），并在一些地区取得一定效果。如杭州萧山区红山村，自 1996 年起一直沿用"两田制"，并逐渐从一个世代务农的村庄转变为一个多元化发展的现代化社区。

浙江推行"两田制"的主要目的是为了进一步激发农民的生产积极性，提高农业生产的效率和效益。"两田制"一方面可以确保农民的基本生活需求得到满足，另一方面也可以鼓励农民在"责任田"中投入更多的精力和资源，促进农业生产的发展。

随着农村市场经济的不断完善，农村地区的劳动力逐步由单纯的农业向其他方向转变，农民收入渠道不断拓宽。2000 年，浙江农村人均纯收入 4254 元，比 1995 年的 2966 元增长 43.4%，扣除物价因素，平均每年实际递增 5.6%。农村居民的人均纯收入稳步上升，其增长的动力主要来自工资性收入、家庭经营性收入的增长，当时浙江农村居民已经具备了一定的非农业就业机会和职业技能，可以通过非农就业获得较高的收入。2001 年，全省农业劳动力 985 万人，占农村劳动力的 45.4%，非农劳动力比重达到 54.6%，比 1991 年的 38.1%提高 16.1 个百分点。[①] 2001 年，根据国家统计局制定的农村小康标准，浙江农村居民的物质生活水平已经提前基本实现小康。

（三）"八八战略"后的浙江乡村建设

1. 阶段一（2002—2010 年）

2002 年，党的十六大确定了全面建设小康社会的奋斗目标，提出全面深化

---

① 浙江省统计局. "三农"发展新篇章 乡村振兴新征程——改革开放 40 年系列报告之五 [EB/OL]. (2018-11-19) [2024-1-06]. https: //tjj. zj. gov. cn/art/2018/11/19/art_ 1229129214_ 520015. html.

农业农村改革；提出"多予少取放活"为原则，实现工业反哺农业的战略转变。

2003年，浙江省委省政府提出"发挥八个方面的优势、推进八个方面的举措"的"八八战略"指导思想，为浙江新时期的社会主义新农村建设指明了前进的方向。浙江更是以"八八战略"为指导，实施"山海协作""欠发达乡镇奔小康""低收入农户奔小康""农村振兴"等重大战略工程，使浙东浙西地区差距、城市农村差距得以有效缩小。

同年，浙江省委省政府正式启动"千万工程"，计划用五年时间，即到2007年，使1000个左右的建制村达到全面小康示范村标准，同时对全省10000个左右的建制村进行环境综合整治。在领导的亲自推动和广大参与者的共同努力下，"千万工程"取得了显著的成效。到2007年，浙江全省已经有10303个建制村得到了整治，其中1181个村庄成功建设成为"全面小康建设示范村"。这些成果不仅改善了农村居民的生活环境，也推动了乡村经济的发展和社会的全面进步。[①]2007年以后，"千万工程"进入深化和扩展阶段。此时期更加注重长效机制的建立，如完善农村环境卫生管理机制、推进农村公共服务体系建设等，力求实现农村面貌的根本性改变。

2. 阶段二（2011—2015年）

2011年，浙江省发布了《美丽乡村建设行动计划（2011—2015年）》（以下简称《行动计划》），拉开了美丽乡村建设的序章。《行动计划》是一份全面推动乡村发展与提升的指南，它的核心在于通过建立一套标准化指标体系，来评估和指导乡村在经济发展、环境保护、公共服务、文化传承等方面的建设。

在经济方面，浙江省强调乡村经济的可持续性发展，鼓励绿色生产技术、生态农业和循环经济的发展。这些措施不仅有助于保护环境，也能够改善农民的收入情况。通过制定农业产值、农民收入、农村消费等经济指标，浙江省能够衡量乡村经济发展的水平，并制定相应的政策来推动经济的发展。

在环境保护方面，浙江省强调乡村环境的保护和改善。通过制定各项环境指标，浙江省能够评估乡村环境的质量，并采取相应的环保措施来改善环境。此外，浙江省还强调了生态修复、垃圾分类、节能减排等环保措施的重要性，这些

---

① 浙江持续十年实施"千万"工程成就万千美丽乡村［EB/OL］.（2013-05-19）［2024-1-10］. https://www.gov.cn/jrzg/2013-05/19/content_2406114.htm.

措施有助于保护自然环境，提高农民的生活质量。

在公共服务方面，浙江省强调乡村必须具备完善的公共服务设施。通过制定教育、医疗、文化、体育等公共服务指标，浙江省能够评估乡村公共服务的水平，并制定相应的政策来提高服务质量。完善的公共服务设施能够满足农民的基本需求，提高他们的生活水平。

在文化传承方面，浙江省强调乡村必须保留和传承优秀的传统文化。通过制定传统建筑保护、非物质文化遗产传承等文化指标，浙江省能够评估乡村文化的保护和传承水平。为了促进文化传承，浙江省还强调文化创新和交流的重要性。这些措施有助于保护乡村的传统文化，增强农民的文化认同感。

2012年，党的十八大确立了全面建成小康社会的宏伟目标。

2013年，浙江省委在十三届四次全会上提出"五水共治"（治污水、防洪水、排涝水、保供水、抓节水），水治理成为浙江生态文明建设的头等大事。这场科学治水行动从城市到农村，都在积极响应。2014年，省委在十三届四次全会上提出，要以"五水共治"为突破口，推动全省农村经济社会转型升级，把"五水共治""生态农业""绿色农业"这些都有机结合起来。

3. 阶段三（2016—2020年）

2016年，浙江在2012年美丽乡村建设行动的基础上，推出了《浙江省深化美丽乡村建设行动计划（2016—2020年）》，制定了从"新村美、协调美"到"全域美"、从美丽乡村到乡村振兴的新目标。

2017年，党的十九大把乡村振兴提升到战略高度，为做好新时期"三农"工作指明了方向。

2017年，浙江省第十四次党代会提出，谋划实施"大花园"建设行动纲要，做出建设大花园的决策部署，要让习近平生态文明思想在浙江大地生根开花，建设全域美丽"大花园"，将"大花园建设"与"美丽乡村建设"有机融合了起来。

2019年9月，浙江宣告开启全面推进新时代美丽城镇建设的新征程，计划将1000个左右的小城镇创建成"五美"（环境美、生活美、产业美、人文美、治理美）城镇。这种有益的探索，使乡村面貌由点及面焕然一新，从"一处美"拓展为"一片美"，也在乡村面貌发生变化的前提下，给乡村增加了更多内涵。

4. 阶段四（2021年至今）

这是浙江全面探索未来乡村建设的阶段，具体情况详见后文。

三、浙江乡村建设历程中的典型案例

（一）无废乡村

2018年，党中央提出"无废城市"的概念和工作方案，提出推进固体废物资源化利用，建立绿色低碳体系。自此，"无废城市"成为新时代城市发展的新理念和新目标。

在这样的背景下，浙江"无废乡村"应运而生。它不仅是浙江省对"两山"理论的实践转化，也是对全国"无废城市"建设试点工作的补充和延伸。通过全面深化全民共建共治共享，推行垃圾分类和集中处置模式，创新积分制度等举措，"无废乡村"建设工作在浙江取得了重大进展。现在，"无废乡村"建设已经成为一种趋势，结合"五水共治"等长效机制，有力地推动了当地经济和环境保护的可持续发展。

如嘉兴市嘉善县建成了多个"生态绿色加油站"，村民们通过参与农村环境整治、废旧物品回收、垃圾分类等活动，可以得到相应的积分奖励，并用于兑换日常用品。温州泰顺县打造了黑水虻虫子鸡养殖示范基地，实现餐厨垃圾、畜禽粪便资源化利用，每天可处理餐厨垃圾约10吨，每年可消化2000多吨餐厨垃圾。为杜绝村民下塘浣洗现象，绍兴市新昌县梅渚村建立了多个集中用水点，为村民免费提供洗衣、洗菜场地，大大改善了宅前塘的水质。余杭区径山村全面深化全民共建共治共享，率先开启无保洁员村创建，实行垃圾分类和集中处置模式，推进"垃圾分好类""垃圾不落地"工作。此外，他们还创新实行积分制度，从源头减少农业废弃物。桐乡市也在积极开展各类"无废细胞"创建工作，并取得了显著成果。

总的来说，"无废乡村"建设是浙江省在生态文明建设和绿色发展方面的创新实践，也是对全国"无废城市"建设试点工作的积极探索和有益补充。通过这些实践和创新探索，我们看到了乡村绿色低碳共富的全国样板，也为全国范围内推广"无废"理念提供了宝贵的经验和借鉴。

（二）莫干山民宿经济

随着消费的升级，人们的旅游观念也从过去的观光游向现在的休闲度假游转变，特别是乡村游，由于比较注重休闲体验、放松心情，更多地满足了中高端市场的需求，为中产阶级的举家出游、企业员工的带薪休假、学生和教师暑假出游、公务员的疗休等提供了很好的途径。而莫干山民宿就是乡村游的典型受益者。

莫干山镇距离德清高铁站30千米左右，车程约40分钟，距上海200千米左右，车程约2~3小时。现在这里已汇聚了800余家民宿，其中精品民宿就有100余家。

根据德清县文广旅体局的统计数据显示，2023年春节期间，莫干山度假区住宿人数35230人次，同比2019年增加96.99%。德清民宿游客接待量是2022年的三倍，裸心堡、裸心谷、开元森泊、郡安里等民宿入住率均在90%以上。以莫干山奢华度假村"裸心谷"为例，尽管一晚的价格高达五六千，通常还要提前一两个月预订。[①]

莫干山镇，在浙江曾经属于落后地区，其所在的安吉县曾是浙江省最落后的25个县之一。镇里最早是"靠山吃山"，经济结构单一，主要是以竹子为主的农业和一些传统的加工业。而如今，莫干山旅游业已占当地GDP的1/6左右，民宿税收占财政总收入的1/3左右，以旅游、民宿经济为依托，莫干山镇实现了经济的腾飞。

（三）龙港农民住房公积金制度

为了给符合条件的农民提供更好的住房融资支持和保障，浙江龙港自2022年9月起开始实施农民住房公积金制度。

龙港政府为这项制度设立了专门的贷款平台，提供了最高达50万元人民币的贷款额度。符合相关条件的农民，如有稳定收入或在当地连续缴纳了一定期限

---

① 德清发布.红红火火！德清春节假期旅游数据创新高[EB/OL].（2023-01-28）[2024-02-10]. https://baijiahao.baidu.com/s?id=1756281520480894678&wfr=spider&for=pc.

的社会保险的，可以缴纳一定金额的资金到个人公积金账户中，在他们购买或者建造房屋时，就可以获得一定的贷款额度，贷款利率仅为3%左右，远低于市面上商业贷款的利率。这项制度的实施大大降低了农民购房或建房的门槛，有效地解决了他们在购房或建房过程中遇到的资金难题，提高了他们的生活水平，是龙港在城镇化改革进程中，为破解农民住房用地保障难、居住环境差、经济负担重等问题推出的一大创新举措。

（四）安吉竹林碳汇改革

浙江安吉县有竹林面积101.1万亩，得益于丰裕的竹林资源，2008年以来，安吉县启动美丽乡村建设，发展全域乡村旅游，推动竹一二三产业融合发展，"竹林+"等新业态不断应运而生。2021年竹产业总产值高达154.2亿元。[①]

安吉竹林碳汇改革是在安吉县政府的主导下，以竹林碳汇综合改革为契机，以竹产业转型升级为主导，创新竹林碳汇开发利用模式。这个改革旨在提高竹林碳汇的生态价值和经济价值，推动安吉竹产业的高质量发展。

具体来说，该项改革包括以下几个方面：首先是推进竹林碳汇监测体系建设，通过建立竹林碳汇监测站点，对竹林的碳汇量进行监测和评估，为竹林碳汇的开发利用提供科学依据。其次是创新竹林碳汇开发利用模式，通过与相关企业合作，将竹林碳汇作为商品出售，实现竹林碳汇的生态价值和经济价值。最后是加强政策支持，通过制定相关政策，鼓励农民积极参与竹林碳汇改革，推动竹林碳汇事业的发展。

浙江安吉的安吉竹林碳汇改革是一项具有重要意义的工作，它不仅有助于保护环境、减缓气候变化，还能推动安吉竹产业的高质量发展，增加农民的收入。

在竹林碳汇改革的带动下，安吉全县有84万亩毛竹林生态资源的经济效益转化率不断提高，带动全县119个行政村、4.9万农户、17.15万林农持续增收，进一步拓宽了"两山"转化通道，走出了一条绿色可持续发展之路。

（五）余东村农民画开发

浙江衢州市沟溪乡余东村，以独特风格的农民画被誉为"中国农民画第一

[①] 李志刚. 浙江省安吉县竹产业集群升级路径研究 [J]. 世界竹藤通讯, 2010 (3)：41-45.

村",享誉海内外。

余东村以农民画为核心,以农民画文化为依托,培育特色微产业,推动形成"农民画+文创+旅游+研学"的文化产业链,实现了农民画的产业升级,由卖画向卖文创、卖版权、卖风景、卖旅游转变。村集体开辟农民画线上交易平台,网红直播售卖农民画和版权;与浙江万事利集团、中国美院合作开发农民画工艺品、纺织品、纪念品等文创衍生品90余种;与华为技术有限公司合作开发农民画手机终端产品,入驻"华为主题商城";打造了一批文旅融合产品和研学基地,包括农耕文化园、露营基地、青年旅社、民宿、艺术地球村等。

如今,只有800多人的余东村,就有300多人加入到了农民画家队伍,他们创作的许多画作在"全国农民画大赛"中获得奖项。余东村的中国乡村美术馆,还陈列着数百幅农民画家绘制的"名画"。

2021年,余东村的农民画和文创产品产值超过3000万元,村集体收入超过100万元,带动村民人均增收5500多元,实现村民人均纯收入达4.03万元。农民画文化不仅让余东村农民走上了精神富足之路,也让余东村农民走上了物质富足之路。①

第四节 浙江未来乡村方略

一、未来乡村方略的提出

当全国各地在响应国家号召建设"美丽乡村"时,浙江已经率先踏上"未来乡村"的探索之途。

浙江省人民政府办公厅于2019年3月发布了《关于印发浙江省未来社区建设试点工作方案的通知》(浙政发〔2019〕8号),开始推行"未来社区"的城市社区设计理念,对"未来社区"的内涵、目标做出阐述,提出了"未来社区"

---

① 赵波. 携手二十年,在山海路上探索乡村协同发展"共富经"[EB/OL]. (2022-06-28)[2024-02-11]. https://z.hangzhou.com.cn/2022/jgxsd/content/content_ 8292378.htm.

的九大场景,并开始试点建设。

遵循"未来社区"的建设思想和设计理念,省内多个城市,如杭州、宁波、衢州、丽水,相继开始摸索在乡村创建"未来社区"的可能性和可行方案。2022年,在杭州、宁波、衢州、丽水等多个城市前期工作经验的基础上,浙江省政府批准了第一批共100个"未来乡村"试点村,并且计划在未来3年,在全省范围内规划超过1000个"未来乡村"。

(一)什么是未来乡村

未来乡村是以面向未来为特征、以可持续发展为先导、以提供居民高品质生活为中心,基于城市未来社区理念的乡村新形态。与城市未来社区相比,未来乡村更加突出表达乡音、乡情、乡文、乡俗、乡景等乡村特色,更加注重人与自然的和谐相处。

①未来乡村是美丽乡村建设和"千万工程"(即"千村示范、万村整治"工程)的升级版和延续,是美丽经济、美丽乡村、美丽庭院等诸多理念相互融合形成的新形态。

②未来乡村是以绿色低碳、数字科技、改革创新为基础,实现乡村环境、乡村文化、乡村产业、乡村设施、乡村治理等的系统重塑。

③未来乡村是引领乡村新理念、新风尚,催生乡村新业态、新功能,塑造乡村新经济、新生活的新形态,以将乡村变成特色鲜明、生态宜居、设施齐全、产业完备、智慧便捷、环境优美、共同富裕的生态生产生活共同体。

(二)未来乡村方略提出的背景

浙江未来乡村是为深入贯彻落实党中央关于"三农"工作的重要论述,打造的极具浙江特色的新时代现代化乡村;是根据《浙江省人民政府关于建设美丽浙江推进绿色发展的意见》等文件精神,提出的新时代乡村建设蓝图;是基于浙江省在乡村振兴、数字化改革和前期乡村振兴实践中的经验和资源积累,以及对"千万工程"的深化和再出发的考虑,旨在实现乡村的全面振兴和共同富裕。

1. 时代、社会背景

中国作为一个农业大国,农村地区的发展始终是中国政府的工作重心。在过去的几十年中，中国农村地区普遍存在诸如基础设施落后、环境污染、资源浪费等问题。由此，中共中央采取了多项措施来推动农村地区的现代化和城市化，解决农村发展中存在的问题，浙江省也一直致力于乡村振兴和美丽乡村建设和改造，在推进农业农村现代化方面形成了较长时间的经验积累。

同时，随着全球化和信息化的不断发展，包括乡村居民在内的人们对于生活品质和环境的要求越来越高。未来乡村建设正是浙江在此前工作经验基础上进行的一次新的尝试和探索，旨在通过科技和人文的融合，推动农业、农村和农民的全面发展和提升，打造一个具有未来感和可持续性的新型乡村社区。

2. 城乡"共富"背景

浙江省是我国经济较为发达的地区之一，但也存在着城乡发展不平衡的问题。作为中国较早提出和实施乡村振兴战略的省份之一，浙江一直在探索如何通过乡村建设实现共同富裕。

未来乡村建设是浙江省在乡村振兴和共同富裕的背景下，立足自身发展需求，以促进农村经济社会文化发展、促进农村农民共同富裕为目标，以推进城乡社区现代化为突破口，对"千万工程"的再深化、再出发，是建设共同富裕现代化基本单元的重要举措。

3. 乡村振兴战略背景

乡村振兴是中央提出的一项重大战略，旨在推动农村地区的经济、社会和文化全面发展。在乡村振兴战略的落地实施上，浙江一直都走在全国前列。

浙江省在前期的乡村振兴实践中，已经积累了丰富的经验和资源。而浙江省的未来乡村发展计划是对乡村振兴战略的又一次高要求、高层次实践，是浙江在原有乡村振兴的基础上，对乡村进行高标准的规划、设计和改造，进一步提升乡村的生态环境、产业发展和公共服务水平，实现乡村的全面振兴。

4. 乡村数字化改革背景

随着科学技术的快速发展，人工智能、大数据、物联网等新兴技术正在逐渐渗透到各个领域，数字化转型也已经成为各行各业的重要趋势。在数字化转型的浪潮下，以数字化和信息化为核心的数字经济也成为近年来快速发展的经济形态。

浙江省在数字化转型升级领域处于国内领先地位，数字化已经深入到经济、社会、文化等各个方面，为未来乡村建设提供了强大的技术支撑。而未来乡村建设则是数字化改革在农村地区的深化和具体化，是通过数字化手段推动乡村现代化的有力手段。

因为通过将这些技术和理念应用到乡村建设中进行数字化改革，可以实现乡村的数字化、智能化和现代化，提高农业生产效率和质量，提高公共服务的效率和质量，提高乡村的生产力和竞争力，提高农民的生活品质。

二、未来乡村方略的指导思想、理念内涵

（一）未来乡村方略的指导思想

2022年，浙江省人民政府办公厅印发《关于开展未来乡村建设的指导意见》，明确指出：浙江未来乡村是以习近平新时代中国特色社会主义思想为指导，深入实施乡村振兴战略，以党建为统领，以人本化、生态化、数字化为建设方向，以原乡人、归乡人、新乡人为建设主体，以造场景、造邻里、造产业为建设途径，以有人来、有活干、有钱赚为建设定位，以乡土味、乡亲味、乡愁味为建设特色，本着缺什么补什么、需要什么建什么的原则，打造未来产业、风貌、文化、邻里、健康、低碳、交通、智慧、治理等场景，集成"美丽乡村+数字乡村+共富乡村+人文乡村+善治乡村"建设，着力构建引领数字生活体验、呈现未来元素、彰显江南韵味的乡村新社区。

（二）未来乡村方略的理念内涵

浙江未来乡村在推进实施中遵循"一统三化九场景"的基本理念，着力构建生态宜居美丽乡村。

1. 一统

在推进未来乡村建设中，浙江省政府明确以党建为统领，确保未来乡村建设在政治方向上的正确性和党的农村政策的连续性和稳定性。通过加强党的领导、发挥党员先锋模范作用、加强农村党建工作、推进农村治理体系和治理能力现代化，实现未来乡村建设工作的顺利推进。具体包括以下几个方面的内容。

(1) 强化党的核心领导地位

在未来乡村建设中，浙江省政府强调党的领导的核心作用。通过加强党的基层组织建设，使党的政策能够更好地在乡村得到贯彻和落实，确保未来乡村建设的正确方向。

(2) 发挥党员先锋模范作用

党员干部要发挥先锋模范作用，在未来乡村建设中，带领群众共同参与、共同奋斗、共同建设。浙江省政府鼓励党员干部深入乡村一线，帮助解决实际问题，推动未来乡村建设的顺利进行。

(3) 推进乡村治理体系和治理能力现代化

浙江省政府注重通过数字化、信息化等手段，推进乡村治理体系和治理能力现代化，提高乡村治理效率和水平，为未来乡村建设提供有力保障。

2. 三化

浙江未来乡村遵循人本化、数字化、生态化的发展理念，"三化"是一个相互联系的有机整体，既体现了现代化的理念，又强调了乡村的独特性和特殊性。同时，"三化"也互相支撑、互为补充，共同推动未来乡村的发展和繁荣。

(1) 人本化

未来乡村建设把人的需求放在首位，以推动人的全面发展为核心；以提升人民群众的获得感、幸福感、安全感，提升农民群众生活品质、精神面貌，来作为出发点和落脚点。在乡村规划、建设和治理中，充分考虑人的生活、生产、生态等需求，创造舒适、宜人的生活和工作环境。

(2) 数字化

未来乡村建设充分运用数字化手段，推动农村信息化和数字化转型。通过建设智慧农村、数字乡村，提高农村信息化水平，将5G、物联网、AI、大数据、新媒体、无人机等信息科学技术与农业农村紧密结合，提升农村经济活力和竞争力。加快乡村数字赋能、数字变革，从而缩小城乡数字鸿沟。

(3) 生态化

未来乡村建设树立绿色发展观，注重生态保护和资源循环利用。在乡村建设和治理中，要尊重自然规律，保持生态平衡，全面保护和修复农村生态环境，提升农村生态服务功能，打造人与自然和谐共生的乡村生态空间，促进人、村庄、自然和谐共生。

3. 九场景

浙江未来乡村全方位描绘了未来乡村在农业生产、治理、能源利用、生态环境保护、医疗健康、文化传承、基础设施建设、旅游产业和社会服务等方面的展望，为未来乡村的发展描绘了一个积极、繁荣、和谐的愿景。

（1）未来产业场景

实施科技强农、机械强农行动，培育提升一批农业龙头企业、农民专业合作社、家庭农场、农创客和农业服务组织等经营主体，提升农业生产效率，全面推进农业高质量发展。推进大中型灌区节水改造，更新升级农田灌溉泵站机埠、堰坝水闸，推进永久基本农田集中连片整治，发展生态农业、休闲农业、创意农业、体验农业。推广强村公司做法，支持符合条件的项目村建设特色产业园、小微创业园，利用闲置厂房、农房等建设共享办公、共享创业空间，吸引年轻人回来、城里人进来。加快三产融合、产村融合，做优做强农家乐民宿，壮大电子商务、养生养老、文化创意、运动健康、乡村旅游等业态。做强村庄品牌、农产品品牌、活动品牌，提倡市场化举办农事节庆、体育赛事和音乐、美食等活动。

（2）未来风貌场景

健全"县域乡村建设规划+村庄布点规划、村庄规划、村庄设计、农房设计+农村特色风貌规划"乡村规划建设体系，加强乡村建设规划许可管理。尊重乡土风貌和地域特色，保留村庄原有纹理，以"绣花"功夫推进乡村微改造、精提升。加强对新建农房式样、体量、色彩、高度等的引导，迭代优化农房设计通用图集。着力打造美丽河湖、美丽水站、美丽山塘、绿色水电站，持续推进村庄环境综合整治，抓实美丽庭院、杆线序化等工作。

（3）未来文化场景

开展文明村、文明家庭、身边好人等选树活动，积极参与"浙江有礼"省域品牌培育。全面提升农村文化礼堂，配置新时代文明实践站、乡贤馆、百姓戏台等，推动县级图书馆、文化馆在乡村设立服务点。建好乡村文艺传承队伍，培育好乡村文化产业，打响"我们的村晚""我们的村歌""我们的村运"等乡村文化品牌。推进历史文化（传统）村落和二十四节气等农耕文化保护利用。鼓励高校、艺术团体在乡村设立实践基地。高水平建设等级幼儿园、义务教育标准化学校。依托乡镇成人学校（社区学校）建设农民学校、老年学校（学堂）、家长学校等。

（4）未来邻里场景

利用公共空间和场所，改造提升配套设施，建好村民茶余饭后互动交流的"乡村会客厅"。弘扬邻里团结、守望相助的传统美德，加强对优抚对象、困难家庭、独居老人、残疾人等的帮扶。完善购物、餐饮、金融、电信等生活配套，打造15分钟幸福生活圈。依法完善村规民约和自治章程，推广邻里贡献积分等机制，让有德者有所得。

（5）未来健康场景

健全农村疫情常态化防控机制，高水平开展爱国卫生运动，科学防治病媒生物，保障饮用水与食品安全，提高农民群众健康素养。加强政府办村卫生室规范化、标准化建设，全面落实乡村一体化管理，打造20分钟医疗圈，高质量供给公共卫生服务和全生命周期健康管理。完善体育健身设施配置，开展全民健身活动，建成15分钟健身圈。实施困难老年人家庭适老化改造，提供紧急呼叫等智能化服务，扩大居家养老服务中心覆盖面，打造15分钟养老圈。

（6）未来低碳场景

全面保护和修复生态环境，使绿水青山成为未来乡村最显著的标志。推广"一村万树"做法，发展乡土树、珍贵树、彩色树、经济树，建设森林村庄。夯实农村供水县级统管机制，健全农村人居环境长效管护机制，全面普及生活垃圾分类，深入开展农村生活污水治理"强基增效双提标"行动和厕所革命。加快农业绿色发展，深化"肥药两制"改革，加强畜禽养殖污染防控。扎实做好农业农村领域节能减排工作，大力提倡节约用水，积极发展太阳能、天然气、风能等可再生能源，优化电网、气网等基础设施布局，提高乡村生产生活的电气化、清洁化水平。弘扬生态文化，建设生态文化基地和生态文化村。倡导取之有度、用之有节的低碳理念。

（7）未来交通场景

高水平建设"四好农村路"，建制村公路原则上达到双向车道以上。加密城乡公交班次，推广公交数字化服务应用，提升城乡公交一体化水平。重视村内支路建设，科学布设停车场（位），户均车位达到1个以上，建设新能源汽车充电设施。设立快递综合服务点，收寄快递不出村。

（8）未来智慧场景

加快推进乡村新基建，实现千兆光纤网络、5G移动网全覆盖。推动更多农业生产、经营、服务、监管等多跨场景落地应用，形成"乡村大脑+产业地图+数字农业工厂（基地）"发展格局。完善农村电子商务配套设施，壮大社交电子商务、直播电子商务等新业态。迭代乡村教育、健康、养老、文化、旅游、住房、供水、灌溉等数字化应用场景，推动城乡公共服务同质化，基本实现村民办事不出村。建设乡村气象、水文、地质、山洪、旱情等数据实时发布和预警应用，实现农村应急广播和"雪亮工程"全覆盖。

（9）未来治理场景

坚持和发展新时代诸暨市枫桥镇的"枫桥经验"，顺应基层治理体系变革，全面实施阳光治理工程，深入开展平安乡村建设和省级善治示范村创建，规范提升全科网格建设，推动自治、法治、德治、智治融合。广泛实行群众自我管理、自我服务、自我教育、自我监督，发挥好各类社会组织作用，强化农村集体"三资"（资金、资产、资源）云监管、"三务"（党务、村务、财务）云公开。大力推进移风易俗，有效革除陈规陋习。引导乡贤在党组织领导下依法依规参与乡村治理，促进项目回归、人才回乡、资金回流、技术回援、文化回润、公益回扶。加快补齐基本公共服务短板，加快实现幼有善育、学有优教、劳有厚得、病有良医、老有颐养、住有宜居、弱有众扶。

（三）未来乡村方略的时代使命

浙江未来乡村方略从提出之日起就承担着共同富裕的时代使命，要实现共同富裕，产业兴旺发达是根本。

如湖州市莫干山镇仙潭村是以民宿旅游著称的山村。过去，该村产业可持续发展后劲不足，原因是产业结构单一。后来，仙潭村联合隔壁两个行政村，成立了莫干山仙之潭旅游发展有限公司，探索未来乡村运营模式，落地了大仙潭宿集旅游综合体、大地艺术装置等一批新业态，实现了从单一民宿产业向融合农文旅产业生态圈的转型。现在，村里有了更多的新业态，整体的发展也更好更稳健了。

| 浙江省未来乡村建设的探索与实践 |

作为浙江省首批未来乡村之一，仙潭村的成功并非特例。近年来，浙江以推进未来乡村建设为牵引点，通过不断壮大村级集体经济，帮助农民实现共同富裕。根据省农业农村厅统计数据显示，2022年，浙江省村集体经济总收入达754亿元，同比增长6.6%，集体经济总收入20万元且经营性收入10万元以上的行政村实现全覆盖；农村居民人均可支配收入37565元，同比增长6.6%。[①]

浙江未来乡村共富的时代使命不仅体现在物质收入上，更体现在老百姓的精神生活上。如在推进未来乡村建设中，浙江着力建好用好农村文化礼堂，以文化礼堂为载体，大力推进移风易俗，全力保护古村落、古民居、古树木等乡土遗产，延续好二十四节气等农耕文化，传承发扬守望相助、敦亲睦邻、勤俭持家等优秀品德。如今，全省未来乡村都展现出了文化繁荣、精神富足的崭新面貌。

二、浙江未来乡村方略的实践历程

（一）阶段一：从未来社区到未来乡村的探索（2019—2021年）

2019年3月，浙江省发布《关于印发浙江省未来社区建设试点工作方案的通知》（浙政发〔2019〕8号），对"未来社区"进行了全面阐述，勾画出了"未来社区"中的未来产业、未来风貌、未来文化、未来邻里、未来健康、未来低碳、未来交通、未来智慧以及未来治理等诸多方面，并提出要打造让人有归属感、让人舒心、面向未来的城市新单元，实现人民群众对高品质生活的追求。

城市有未来社区，农村也要有乡村未来社区。2019年，衢州市率先启动乡村未来社区试点建设，这是一个具有前瞻性和创新性的项目。乡村未来社区试点建设以人本化、生态化和数字化为核心理念，致力于打造人与自然高度融合的诗意栖居地。通过造场景、造邻里、造产业等手段，打造宜居、宜业、宜游的乡村生活环境。2021年3月，衢州市发布了全国首个《莲花乡村国际未来社区指标体系与建设指南》，这份指南涵盖了乡村未来社区的建设、运营和发展等多个环节，为乡村未来社区的规范化、科学化建设提供了参考依据。

---

① 浙江农业农村概况［EB/OL］.（2023-07-19）［2024-01-20］. https://nynct.zj.gov.cn/col/col1589292/.

同年 10 月，杭州市余杭区青山村被杭州市余杭区政府正式确定为"未来乡村实验区"。2020 年 8 月，杭州市余杭区制定了《余杭区"未来乡村实验区"改革实施方案》，规划了未来乡村建设的"五大场景"，皆在打造一个有舒适感、有获得感、有归属感、有安全感、有未来感的新型农村功能单元。

作为浙江省未来乡村的先行者，杭州市、温州市、衢州市等地先后展开了"乡村未来社区和未来乡村"的摸索和尝试。杭州发布了《杭州市未来乡村建设工作方案（试行）》和《杭州市未来乡村试点创建评价指标体系（试行）》，温州发布了《关于开展未来乡村建设的实施意见》，衢州发布了《关于全面推进乡村未来社区创建的方案（试行）》，三个市都提出要在"十四五"期间，建设 100 个未来乡村。

1. 杭州市的未来乡村设想：五化十场景

"五化十场景"是杭州市对未来乡村发展的一个初步设想。"五化"分别是指人本化、生态化、数智化、共享化和现代化，"十场景"则是指党建、平安、生态、共享、产业、乡貌、互助、双创、人文、治理。

杭州市的"五化十场景"，目标是打造一批引领时代潮流的标杆乡村，呈现未来元素、彰显江南风韵、实现对农村生产生活生态的全方位重塑；使未来乡村率先基本实现农业农村现代化的风貌，成为全面实现乡村振兴的样本、成为精品乡村建设的样板、成为高水平现代化的现实版本的"富春山居图"，力争为全国提供一个具有杭州特色的农业农村现代化样板。

2021 年 9 月，杭州市发布了《杭州市未来乡村试点创建评价指标体系（试行）》，包含了 60 项考核指标和 19 项创新类、否决类事项，以打造"十大未来场景"为重点，围绕"五化"价值取向，对未来乡村试点创建工作进行考核，为全面评估未来乡村的发展情况提供了标准和方向指引。

2. 温州市的未来乡村设想：五化十场景

温州是浙江省城市与农村之间、不同区域之间收入相对不平衡的地区之一。为了解决这一问题，温州市政府把未来乡村建设作为推动共同富裕的主要载体，全力打造共同富裕的市域样板。

2021 年，温州市政府相继出台《关于高质量实施乡村振兴战略加快建设农业农村现代化先行市的意见》《关于开展未来乡村建设的实施意见》，明确指出以"五化"(人本化、生态化、数字化、产业化、系统化)为方向、以"十个一"(一个和谐共融的生态系统、一条助农增收的乡村产业链条、一个开放共享的邻里公共服务场所、一个乡村数字化服务应用平台、一套优质可及的教育医疗服务设施、一个养老救助帮扶机构、一个现代化乡村社会治理体系、一个优秀乡土文化传承载体、一种彰显瓯派民居的建筑风格、一条快速便捷的对外交通通道)为标志、以"十大应用场景"(邻里、教育、文化、生产、建筑、低碳、交通、智慧、健康、治理)为重点,在 2021 年先试点建设 25 个未来乡村,并在未来 4 年规划超过 100 个未来乡村,让未来乡村成为温州的一道亮丽的风景线。

3. 衢州市的未来乡村设想:四化九场景

2019 年 8 月,衢州市在浙江全省乃至全国率先启动未来乡村试点建设工作。在试点中,衢州坚持以人为本、以聚合新型农村社区为目标、以"人本化、田园化、科技化、融合化"四化为理念内涵,全面构建集合"自然味、农业味、人情味、生活味、烟火味、诗画味、人文味、乡韵味、科技味"九场景于一体的现代"乡村版未来社区"。

2020 年 9 月,衢州市印发《衢州乡村未来社区指标体系与建设指南》,标志着全省乃至全国范围内第一个"乡村版未来社区"的创建指南的落地,并率先给出了"乡村版未来社区"的定义和标准。

(二)阶段二:全省试点未来乡村(2022 年至今)

2022 年,浙江省在杭州、温州、衢州、丽水等地"未来乡村"试点工作的基础上,全方位总结了各地的建设经验,并进一步将"未来乡村"建设上升为省级战略,出台了《浙江省未来乡村建设指导意见》,标志着全省开始系统地开展"未来乡村"建设工作。

同年 1 月 27 日,浙江省公布了首批 100 个未来乡村试点,其中杭州市 12 个、宁波市 11 个、温州市 13 个、绍兴市 7 个、嘉兴市 8 个、台州市 10 个、金华市 10 个、湖州市 6 个、衢州市 8 个、丽水市 10 个、舟山市 5 个。

2022 年 4 月 15 日,浙江省公布了第二批 278 个未来乡村试点。同时根据规划,到 2025 年,在原有基础上全省将累计规划超过 1000 个未来乡村。

同年 5 月 5 日,浙江省出台了《浙江省未来乡村创建成效评价办法(试行）》。5月12日，浙江省标准化协会发布了《未来乡村建设规范》。这些文件明确了未来乡村应该建什么、怎么建、验收标准、评价体系，统一了执行标准。

三、浙江省未来乡村的典型案例（除溪口外）

（一）富阳黄公望未来乡村

六百多年前，浙江富春江畔的富春山水吸引了一代画圣黄公望来此定居，并在此创作了名扬天下的画作《富春山居图》。

如今，在富春江杭州富阳段，伴随着多年的区域生态建设和产业转型，富春江畔呈现出环境优美、经济发展的新气象。黄公望村，因黄公望隐居于此而得名。走进村里，街道干净整洁，路边小溪流淌而过。这里的民居庭院各具特色，民宿、农家乐随处可见，慕《富春山居图》之名而来的游客络绎不绝。

2022年，黄公望村入选了浙江全省首批未来乡村，并在产业提升、旅游拓展、文化挖掘、村庄整治、庭院美化、生态保护等方面持续发力，以资源特色、地理环境和人文风貌为基础，打造出了一个现代版的"富春山居图"。

1. 文化兴村

2011年，中国大陆与台湾地区的《富春山居图》时隔多年终于完成"聚首"。为了充分挖掘利用《富春山居图》的历史文化资源价值，富阳积极推动"黄公望村"的现代版"富春山居图"建设，"黄公望"景区的一二期工程总投资超过8000万元。

2012年，富阳启动了公望文化周活动，并以"水墨情缘"来纪念《富春山居图》两岸山水合璧一周年。2013年，正值《富春山居图》合璧两周年，也是黄公望诞生740周年，富阳举办了各种活动来庆祝这一时刻。另外，富阳教育部门也积极推动"公望文化"进校园活动，让广大青少年学习和了解"公望文化"的历史渊源和内涵。

近年来，黄公望村通过文化挖掘、文旅协同、生态保护等手段，将公望文化注入乡村发展中。同时，围绕公望文化，黄公望村打造了以公望文旅、公望文创等特色品牌为引领的未来乡村示范样板。

通过充分挖掘公望文化，黄公望村打造了公望文创产业集聚区，创建了公望智平台，成立了公望女管家，进一步拓展了公望文化载体。

2. 两岸交流

2011年6月，《富春山居图》在台北合璧。黄公望村作为创作实景地，吸引了众多台湾艺术家、年轻人的目光，越来越多的台湾同胞到浙交流走访。

2013年，黄公望村被正式定为"海峡两岸交流基地"。从那以后，富阳不断丰富公望文化内容，与台湾的交流也越发频繁，两岸"走亲"、有来有往，这是一种双向奔赴。

近年来，凭借"海峡两岸交流基地"这块国家级金字招牌，富阳积极开展各类特色公望文化交流活动，邀请台湾的艺术团体和知名艺术家前来，旨在弘扬中华优秀传统文化，加强两岸文化交流和友好往来，加快推进"公望两岸文创产业基地"重点项目建设。随着公望两岸圆缘园在黄公望村开园，两岸同胞有更多的机会在此以画为缘、共建家园。

3. 文旅康养

为突出产业强村富民，黄公望村还健全完善村民利益联结机制，创立"公望女管家""白鹤乡村俱乐部"等行业联盟，以"农家乐+民宿+康养+景村融合"串起村庄农旅、康旅产业链。

近年来，黄公望村通过打造和完善"15分钟生活圈"、培育和发展富春江曜阳老年公寓等康养项目，吸引了越来越多喜欢在黄公望村短期租房的上海、杭州等地中老年人，形成了多元化的产业发展局面。

在农家乐、民宿、康养项目、文旅产业等协同发展下，2021年，黄公望村集体经济收入突破了1000万元，实现村民人均可支配收入达6.8万元。

（二）绍兴梅渚未来乡村

位于绍兴市新昌县的梅渚村，是一座宋代千年古村，地处大佛寺和十九峰旅游区之间，至今仍保留着"一塘一街一更楼、两庙六祠多台门"的格局，入选了第五批中国传统村落名录。现存明清建筑30多处，拥有十番、剪纸、糟烧等多项省市级非遗项目。

作为全省首批未来乡村示范村，梅渚村持续深化"千万工程"，以"古今融合，宋风美学"文旅生活小镇为建设目标，积极探索未来乡村建设，优化提升旅游配套设施，放大产业、文化、生态优势，全面推进乡村振兴，让千年古村重新焕发出了新的活力。

1. 古今融合

近年来，梅渚村通过举办"古村代言人"选拔活动，吸引了越来越多的年轻人参与到村庄的宣传推广中。这一活动不仅提升了村庄的知名度和美誉度，也激发了村民的归属感和参与感。在选拔过程中，参赛者需要展示他们对于梅渚村历史文化的了解以及对于村庄未来发展的愿景。通过这一活动，村庄选出了一批充满活力和创意的代言人，他们用自己的方式向外界传递着梅渚村的魅力。

梅渚村还注重将宋风美学融入村庄的文化活动中。例如，在传统文化节日期间，梅渚村会举办宋风文化节，展示宋代的诗词、绘画、音乐等艺术形式，让游客身临其境地感受宋风美学魅力。此外，梅渚村还邀请专业的宋风舞蹈团等艺术团体和古琴演奏家前来演出，为游客呈现一场场视听盛宴。

2. 共建共赢

梅渚村全面创新运营方式，与新昌旅游集团公司成立了一家合资公司，由这个公司来运营梅渚村的乡村旅游，探索出了一条"国有企业+村委会"的合作新模式，形成了"村集体、村民、企业"的村企合作，打造了一个村企共建共享共赢的新样本。

在合资公司的框架下，梅渚村集体负责统一回收、经营流转闲置用房等资源，新昌旅游集团公司负责招商运营和推广，完全运营之后预计将为村集体每年带来至少120万元的收益。同时，合资公司在梅渚村的规划建设中充分发挥"特色效应"，以"宋风美学"村落式文旅生活小镇为定位，编制发展规划和产业清单规划，打破单间店铺招租的形式，采取分业态、分片区、拎包式等多元化招商模式。

3. 非遗传承

梅渚村非常注重非遗技艺的传承。对于一些濒临失传的非遗技艺，梅渚村采取了"请进来、走出去"的方式，邀请老一辈的非遗传承人到村里传授技艺，同时派遣年轻人前往传承人所在的地区学习。通过这种方式，梅渚村培养了一批年轻的非遗传承人，为非遗技艺和文化的传承注入了新鲜血液。

梅渚村还注重非遗与现代元素的融合。为了使非遗技艺更好地适应现代社会的需求，梅渚村鼓励传承人在保留传统技艺的基础上，进行创新和改良。例如，在传统剪纸技艺的基础上，开发出具有现代感的剪纸艺术品；在梅渚糟烧、梅渚豆腐等传统技艺中，尝试添加新的原料和工艺，使其更加符合现代人的口味。这些创新都很好地提升了非遗技艺和产品的市场竞争力。

另外，梅渚村还不定期在戏曲馆、工匠馆等处安排展演，大力弘扬剪纸、十番、泥塑、古法竹编、二胡制作等省市非遗项目，为游客打造可看、可品、可学的非遗体验。

（三）余杭青山未来乡村

杭州市余杭区青山村是余杭区乃至浙江省的"未来乡村"先行地。

青山村过去是一个典型的山区村，面临着空心化的问题，缺乏产业发展。直到青山村开始吸引年轻的新村民"归园田居"，借助保护龙坞水源地的契机，引导文创、手工艺等业态产业进入，才形成了"在乡间遇见未来"的新变化。

2020年，余杭区以青山村为未来乡村试点，并出台了《"未来乡村实验区"改革实施方案》《"未来乡村实验区"改革二十八条》。现在的青山村已经蜕变成了一个数字乡村，很有艺术气息，在这里，可以看见未来乡村的各个模样。

1. 数字赋能

作为一项带动农村基层社会治理体系重塑的数字化改革实践，2021年，杭州余杭黄湖镇推出了"善美青山"微信小程序。在青山村，不管是村中民主协商，还是参与志愿活动，抑或是发布拼车、送货、接送等互助信息，都可以在小程序上轻松完成。截至2023年6月15日，该系统已有用户3280户，基本做到了所有村民全覆盖。

青山村还通过小程序制定了信用分、贡献分两套体系。当村民遵守村规民约时，就能获得信用分的提升。信用等级较高的村民，可以享受一些特殊的"福利"，如民宿业主、农家乐业主可以优先分流线上客源。另外，村民参加志愿者和公益活动，可以获得贡献分。这些贡献分，可以用于在平台上发布各种求助信息，也可以用于兑换各种生活用品。通过这种公益和商业相结合的激励手段，青山村形成了一个向上向善的乡村氛围。

2. 艺术赋能

2015年,青山村开启了艺术赋能乡村之路,先后引进20多个艺术产业项目入驻,其中包括青山剧院、融设计图书馆、青山自然学校等。短短几年时间,青山村就聚集了80多名创新创业能人、高知识精英人才,这些"新村民"的加入也让青山村变得更年轻、更有活力。

漫步在青山村村落中,随处就能感受到自然与艺术融合的巧思。"杭州乡村天花板""乡野乌托邦""误闯莫奈花园",这些都是游客对青山风景的评价。

青山村还不定期举办各种有趣的艺术节,吸引网红和游客前来打卡。可以露营、可以线上预约、可以自助入住,非常人性化和方便。

3. 绿色发展

青山村的发展是从龙坞水源保护项目开始的,为解决污染问题,项目组对水源部分的竹林进行集中管理,有效控制了农药化肥等的使用,使得龙坞水库水质得到明显改善,青山村的水质在三年内提升到了国家一类水标准,解决了村民用水安全问题。

同时,青山村致力于构建水源地保护与乡村绿色发展的长效机制。他们引入各方资源开展多元化项目开发,创新共建共治共享方式,因地制宜发展绿色产业。例如,他们推广"自然好邻居"计划,引导农民转变思想观念,为来访者提供农家饭和民宿服务等,在降低对自然环境影响的同时,也提高了农民的收入。

此外,青山村还创办了青山自然学校,开设自然教育课程,带动青山村年均访客量增加,间接提升就业岗位数量。青山村还吸引"融设计图书馆"将主要展馆和手工艺创意工坊搬迁到当地,通过开办手工艺技能课程,丰富村民精神生活。在这些活动的引流下,发展农家乐、民宿的商机也被带到了村里。

据有关部门估算,青山村从最初33万元的水源保护基金开始,现已撬动了上亿元的开发资金,让村容村貌发生了质的飞跃。

第二章 溪口乡村未来社区：浙江未来乡村的先行探索

第一节 乡村未来社区的缘起

乡村振兴战略自2017年被提出来后，国家相继出台了一系列政策举措。

2018年，《中共中央 国务院关于实施乡村振兴战略的意见》（中央一号文件）确立乡村振兴分三步走的战略目标，并在同年印发了《乡村振兴战略规划（2018—2022年）》，明确了我国乡村振兴战略实施的第一个五年规划。

2021年，我国乡村振兴战略日趋完善，各项配套政策逐步细化。同年2月21日，我国发布《中共中央 国务院关于全面推进乡村振兴加快农业农村现代化的意见》，为"三农"工作提出了新的指导思想。2月25日，国家乡村振兴局正式挂牌。4月29日，《中华人民共和国乡村振兴促进法》出台，并于同年6月1日起施行，有效保障了我国乡村振兴战略的全面实施。

实施乡村振兴战略的核心目标在于适应并应对社会的主要矛盾和农村的主要矛盾演变，全面推动农村经济、政治、文化、社会以及生态文明的建设，以解决农业和农村发展不平衡、不充分的问题，满足不断增长的农民美好生活需求。

尽管中国已步入中等收入国家行列，处于工业化进程中，但农业在国家经济中的基础地位依然未变，农民作为需要特殊关照的群体依然未变，农村问题仍然是中国经济社会发展的短板和薄弱环节。

因此，实施乡村振兴战略是解决新时代中国社会主要矛盾的必然要求，具有深远意义，对国家和社会在多个层面产生深远影响，有助于提升农村居民的生活

第二章 溪口乡村未来社区：浙江未来乡村的先行探索

水平，提供更多就业机会，增加农民收入，改善基础设施和公共服务，激发农村经济的潜力，推动农村产业升级和多元化发展，有助于减少农村贫困，促进农村地区的经济繁荣，加快城乡一体化，减轻城市的过度拥挤和资源枯竭问题，促进区域的均衡发展，减轻城市压力。

而在数字化、信息和物联网技术的驱动下，城市和农村之间的界限逐渐模糊。传统乡村共同体面临现代化的冲击，乡土文化逐渐式微，乡愁逐渐淡化，因此，重构乡村共同体开始成为时代的新课题。

但新技术的出现又为城乡融合提供了前所未有的机会，有效地促进了信息传递、资源共享、产业升级和智能化管理，这一技术变革为农村地区的发展提供了新的机遇。

浙江省作为中国的经济强省之一，便开始从传承和创新两重路径尝试重构乡村共同体，通过保留和传承乡村的人文特色、自然特色，挖掘乡村传统文化精髓，打造有根、有机、有情的共同体；通过创新体制机制，结合当地特色做乡村建设新规划，培育出乡村生活共同体新的增长点，推动乡村持续发展，促进乡村振兴。当前各地如火如荼开展的美丽乡村、美丽城镇等，都为大力推进乡村建设、打造宜居宜业的现代化新乡村、重构乡村共同体做出了诸多探索。但是美丽乡村、美丽城镇等的建设并不是一帆风顺的，有些也在实践中陷入了困境。

在此基础上，浙江省于2019年首次提出了"未来社区"概念。未来社区的核心是创建新型功能单元，以满足人民对美好生活的期望和健全社区全生活链的需求。其以人为本，以生态化和数字化为价值导向，以未来邻里、教育、健康、创业、建筑、交通、能源、物业和治理等九大场景创新为主导单元。各个功能相互协调、互为补充，共同促进社会经济的快速增长和人们生活幸福感的提升。

接着，衢州市又率先将"未来社区"的概念从城市延伸至乡村，提出"乡村未来社区"概念，为乡村振兴开辟了新的方向。

"乡村未来社区"突破传统的地理概念，将一个或多个相邻的行政村庄共同组成社区，注重独特性、生态性和艺术性等方面的运营模式。这一概念不仅在地理上打破了乡村界限，也在社区建设理念上开辟了新的视野，为乡村发展注入了新活力，是新时代美丽乡村和数字乡村的迭代产物。

当然，乡村未来社区并非城市未来社区的简单复制品或跟随者，而是在充分考虑乡村实际情况的基础上，以打造人们的生活场景为核心，致力于构建新型乡村社区并提升居民的生活方式。与传统的乡村建设活动不同，乡村未来社区的最显著特点在于将关注点从乡村本身转移到村民的生活，以个体的需求为核心，创造多样的乡村生活场景。不同于美丽乡村、特色小镇、田园综合体，乡村未来社区以面向未来的理念，旨在创造产业、社群和生活的全新模式。其不是简单地营造乡村风貌建筑和人居环境，核心是推动留守村民、外出返乡村民、城市市民即"原乡人、归乡人、新乡人"这三类人群融合混居，重心落在"社区"、核心落在"人"。

通俗地讲，乡村未来社区是一个富有未来感和现代特色的农村新社区，代表着乡村发展从传统的"村落"向更现代化的"社区"转变的不可避免的趋势，同时也是"村改居"的高级形式。

在推动乡村未来社区的建设中，衢州市提出以"人口净流入量与三产融合增加值"为综合评价指标，以特定乡村居民为核心，特别关注八大关键场景，包括"邻里关系、社区风貌、产业发展、交通便捷、教育资源、康养服务、文化传承以及有效治理"，并通过深度整合改革、可持续发展和提升民生水平，实现了在乡村未来社区的居民可以享有无忧创业的机会，同时又能在回归自然的乡村环境中获得幸福感。

通过三年的试点建设并结合联合国 SUC 可持续社区标准，衢州市形成了莲花乡村国际未来社区、溪口乡村国际未来社区、余东乡村国际未来社区三个首批试点项目，分别在 2020 年和 2021 年建成"起步区"并开园，在社会上引起较大反响。

第二节　溪口乡村未来社区的设立

浙江省龙游县溪口镇，地处龙游县南部山区，是全国重点镇、省级中心镇，区域总面积 112.47 平方千米，下辖 14 个行政村和 1 个社区，总人口 2.3 万人，是龙南山区"一镇三乡"（溪口镇、庙下乡、大街乡、沐尘乡）的经济、文化、商贸、旅游、人口集聚中心。

| 第二章　溪口乡村未来社区：浙江未来乡村的先行探索 |

溪口镇紧邻灵山江生态走廊，山水资源丰富，森林覆盖率近80%，负氧离子含量峰值达5200，周边有六春湖、畲族村寨等景区集群，社区人居环境一流。同时，溪口镇还有四大优势：一是交通便利，溧宁高速溪口出口坐落于溪口竹木工业园区，衢宁铁路（在建）龙游南站的建成又进一步提升了溪口交通的便利度；二是风貌特征明显，溪口镇整体建筑风貌独特，工矿风貌建筑、传统建筑、浙西建筑相互交织，具有深厚的历史文化印迹；三是产业特色突出，笋竹和茶叶是溪口镇的两大主导产业；四是乡愁文化浓郁，溪口老街保留了较多的浙派传统建筑，黄泥山片区保留了几十幢有着60余年历史的工矿风貌建筑，文化底蕴浓厚。

一、溪口乡村未来社区的试点建设

2019年8月，龙游县政府颁布了《龙游县乡村未来社区试点工作方案》，其中明确了溪口镇乡村未来社区建设的具体方案。2019年10月，溪口乡村版未来社区成功申报衢州市试点，纳入联合国可持续社区试点。2019年11月，溪口镇发布了浙江省首个乡村版未来社区设计方案；2020年9月，溪口完成一期改造，并作为浙江首个乡村未来社区，正式对外开放。

溪口乡村未来社区位于集镇中心，规划总面积达89.93公顷，覆盖集镇建成区，东至曙光路，西至溪毛线，南至溪口中学、北至白马路。依托溪口镇优良的生态环境及深厚的历史文化，其以"溪口公社，快乐老家"为主题，以人口净流入增量，三产融合增加值为两大综合指标。

溪口乡村未来社区积极推进人本化、生态化、数字化、融合化等"四化"理念，突破产业融合、文化传承、资源共享、社区治理和制度创新五大壁垒；以"四化九场景"为指导原则，聚焦本地居民、迁入农民、回归乡贤、创客和旅客五大主力人群，通过"信用+治理"等制度创新，依托CIM（city information modeling）社区全息系统为主的数字技术支持，根据各地实际情况，量身定制乡愁、乡貌、乡里、共享、田园、创业、教育、健康和交通等九大场景；着力建设一个创新创业、优良宜居、有源有脉、邻里和谐、智慧治理、共治共建相融合的高品质乡村未来社区。

二、溪口乡村未来社区的发展定位

(一) 打造新时代衢州乡村振兴的新引擎

通过试点,溪口乡村未来社区以"人口净流入量+三产融合增加值"为评估标准(初期使用"农民人均年收入增长率"替代),以"产业导入、治理创新"为关键抓手,积极推动科技、资金进入农村,鼓励青年和乡贤回归农村,以实现乡村新型人才的培养。

(二) 打造山区共同富裕的核心示范

通过乡村未来社区建设与山区共同富裕示范相融合,以乡村未来社区建设补齐农村公共服务中基础设施、住房、医疗、养老、卫生、教育、文化等短板,通过深化两进两回加快完善城乡要素对流机制,通过园区化、特色化和科技化加快农村产业提质增效,借助建设村级融资平台,吸引社会资本参与,发展新型集体经济,加快集体经济发展和农民增收。

以溪口镇、庙下乡、大街乡、沐尘乡为核心,推进龙游南部四个乡镇的"一镇带三乡"山区共富实验,积极探索山区"抱团发展"模式,做强溪口乡村未来社区区域核心,通过"一镇三乡"治理共同体、"一镇三乡"产业共同体、"一镇三乡"民生共同体,推进"一镇带三乡"山区共富实验。

(三) 塑造中国乡村未来社区可持续发展的样板

打造一个以"共同愿景、共赢产业、资源共享"为特色的人口经济聚焦社区。实现人口稠聚而非拥挤、独具环境特色、文化鲜明有趣、经济蓬勃发展的中国乡村社区可持续发展新面貌;营造产业形态多样多元、生产生活低碳环保、山水林田生态自然、居民心灵充实、愉悦的"诗画浙江"大花园核心区,具备全面配套设施,为创业提供无忧环境,同时让居民在出行时体验乡土田园之美,回归自然。

三、溪口乡村未来社区的目标

（一）总体目标

紧紧围绕"溪口公社，快乐老家"的主题定位，推进融合发展、推行集成改革，努力成为公共资源全民享创新区、乡愁文化活传承体验区、产社人文深度融合示范区、"信用+治理"样板实践区、集体经济制度创新探索区，打造融合"产乡融合—乡愁文化—共治共享—信用治理—制度创新"可借鉴性和推广潜力的典型案例。

（二）阶段目标

2019年：乡村未来社区试点建设启动，基础设施建设完善、生态环境治理，促进两进两回的落实，缩小城乡差距，"信用+治理"制度框架和政策体系基本形成，完善治理体系；

2022年：试点验收并推广经验，溪口乡村未来社区建设完成，相关治理制度基本完善，借鉴溪口的成功经验，建立乡村未来社区的样板，并将这一模式推广至其他地区；

2025年：初步形成社会主义现代化，城乡区域发展差距缩小，促进农村居民收入提高，创新制度及政策体系落实完善，人口净流入增加，产业生产值增加；

2035年：社会主义现代化目标基本实现，城乡区域发展差距和居民生活水平差异显著缩小，基本公共服务均等化基本实现，现代化社会治理格局基本形成。

第三节　溪口乡村未来社区的建设内容

一、一个中心

溪口乡村未来社区紧密关注推动个体全面发展和社会不断进步的目标，突出高品质生活主轴，把满足人民美好生活向往作为一个中心，以打造群众生活满意的人民社区。对于溪口乡村未来社区来说，一个中心体现的是以人民为中心，以"溪口公社、快乐老家"为主题，打造高品质乡村未来社区的核心理念。

二、四维价值坐标

溪口乡村未来社区的建设以人本、数字、生态和融合为核心价值维度，统筹推进场景应用。

人本化：未来社区的建设围绕人的需求展开，促进人与人的关系协调发展；

生态化：注重环境保护，美化环境，做好污水处理、垃圾分类，共创生态绿廊；

数字化：依托5G、大数据等技术的发展，打造数字化的万物互联的智慧生活；

融合化：打造一镇带三乡农民集聚平台，推进城乡融合、产业融合，促进产社人文高融合发展。

三、九大场景

溪口乡村未来社区经过县、镇、村三级联动主动谋划，社区建设架构及思路逐步清晰，数字化应用、治理创新等支撑性体系不断完善，创业、共享、乡貌、乡愁、乡里、教育等一批场景加快构建，部分未来社区功能目前已经初具雏形。

第二章 溪口乡村未来社区：浙江未来乡村的先行探索

（一）创业场景

溪口乡村未来社区借助黄泥山创客平台和溪口老街文旅平台，拓展文旅和现代服务业，促进一二三产业融合发展。

溪口老街"乡愁综合体"按照"一个联盟+四个板块"进行配置，建立"政府部门+村集体+学院+创客+企业+乡贤"创客联盟体系，以"乡村电商、乡村工匠、乡创工坊、乡创论坛"为核心，设立农产品、工艺品加工区、展示区、体验区和销售区，为促进乡村发展提供全方位支持，主打"一盒故乡"农副产品品牌，为商户及游客提供"线下体验+线上销售"平台。

黄泥山联创公社配置社群主题空间、运动休闲空间、职住配套空间、文化交流空间、营运创收空间等，致力于建设创业助手一站式服务中心，倡导"一站式办公、一揽子服务、并联审批"的运营理念，逐步构建完善的服务体系，覆盖技术支持、营销推广、政务协助、金融咨询、法律咨询、经营管理、政策指导、信息服务等个性化服务。

（二）共享场景

溪口乡村未来社区以"共享"为核心理念，创建共享办公、食堂、公寓、礼堂等开放式办公环境和服务设施，构筑开放共享的气氛，促进政府、企业、居民、旅客四大社群的紧密联系，以全民资源共享机制，为社会需求提供服务空间，缩短政府与企业、居民之间的距离。

2020年推进的有黄泥山一期原职工食堂改造为共享食堂、原职工电影院改造为乡村大礼堂和会议中心、原职工招待所改造为联创公社等，计划二期将原工人文化厅改造为黄泥山历史文化展厅和乡村未来社区展览馆、原职工医院和宿舍改造为共享公寓（精品民宿）。

（三）乡里场景

溪口乡村未来社区以团结、和谐、共享、共建为核心，以邻里活动为重点构建具有活力的乡里交往平台，增强居民情感纽带，鼓励居民走出小家庭，融合溪口大家庭。其以高品质5分钟生活圈为目标，为居民提供适宜的交流空间，积极打造1个溪口绿心+1个文化体育活动中心+1条环社区休闲慢行道，增设邻里盒子（含有茶吧、自动售柜机、储藏柜、社保自助机、天猫精灵等功能）等服务设施，开展"长街宴"等民俗活动，积极营造"家长里短"的社交空间。

（四）乡愁场景

溪口乡村未来社区以美丽田园促农耕文化再生，以传统业态再现商帮繁华，以怀旧国营老厂重塑乡愁，打造溪口文化IP与Logo，采用溪口特产笋、竹为元素，打造"笋宝""竹宝"卡通形象，助力溪口文旅产业发展，并进一步向主题娱乐、文创产品方面延伸。

同时，推动文化与体验式旅游相结合，举行诸如舞狮、舞龙、美食节、长桌宴、竹运会等文化活动，老街沿街设置纸行、瓷器店、米店、茶馆等传统商帮业态，复兴溪口繁荣商帮。严格保护黄泥山黄铁矿小区原有的空间肌理，保留黄铁矿小区内现有的绿化植被及景观小品，如前期对松风亭的整体拆移留住了原住居民的集体记忆，获得居民的一致好评。

（五）乡貌场景

溪口乡村未来社区注重打造溪口特色文化建筑风貌，突出山水对景、古今对话的风貌格局，以"一江两岸"为主廊道，展现传统与现代对话、生态与人文融合的新溪口风貌场景。生态景观依托周围的自然地形地貌塑造特色活力的山、水、城镇景观格局，保持原生态环境的原真性与完整性，避免"高山园林化、中山人工化和低山城市化"的趋势。在人居环境建设中以满足当地居民需求为主，同时考虑游客的需求，防止"村落城镇化、集镇城市化、古镇现代化"的发展倾向。

（六）田园场景

溪口乡村未来社区以自身为核心，联动辐射整个溪口集镇周边乡村田园，依托乡土、商帮、竹文化等特色，以"旅游+"撬动乡村田园一二三产业融合发展，推动产业链条延伸，为乡村田园带来丰富的想象空间。着力推动旅游+农业（特色农业、特色林业）、旅游+文化（文化创意、农艺表演、节庆活动）、旅游+

服务（旅游购物、旅游住宿）、旅游+健康（养生度假、运动健康）、旅游+工业（工业体验、历史观光）等业态，以乡村田园休闲旅游发展推动农业与新型竹加工产业融合发展。

（七）教育场景

溪口乡村未来社区积极构建覆盖全年龄段的"终身学习"教育机制，结合现有教育资源现状，优化配置2个托育中心，提升中银小学"小班化"教学扩容提质，拓展溪口中学外部优质教育资源近远程交互对接，以"AI+教育""终身学习"促进全民素质提升，实现全员"幼有所育，学有所教"；完善终身学习配套设施，构建社区学堂，以"溪口之家"社区中心为载体，提供政策学习、道德教育、心理咨询、兴趣课程、专题讲座、生活技巧等课程；配置社区图书馆，打造社区居民共享书屋；营造学习"微空间"，依托数字学习平台的建设，建设学习角、图书馆等学习平台，满足全年龄层学习需求。以中青年职业教育为重点，推进校地合作，与衢州学院建立长期合作关系，推动"一分院四中心六基地"落地见效，培育未来社区人才队伍就地就业，推动未来社区加快发展。

（八）健康场景

溪口乡村未来社区推进智能化升级，拓展溪口卫生院规模，并与龙游县中医院构建医疗共同体。强化医疗技术、专家团队、设备和信息平台的合作，实现"社区首诊、双向转诊、急慢分治、上下联动"的分级诊疗模式。提升溪口镇卫生院的医疗服务水平。倡导健康生活新风尚，新建溪口体育活动中心，优化沿溪绿化景观带健身活动设施，鼓励居民采用"步行+骑行"的健康出行方式，更多参与体育健康运动。构建"居家养老—社区养老—机构养老"的三级养老模式，加强智慧养老平台建设，推动远程监控、安全传感、一键呼叫、智能安防等信息化设施建设。优化老年人服务设施，满足老年人日常活动需求。

（九）交通场景

溪口乡村未来社区优化覆盖龙南片"一镇三乡"的客运中转集散服务体系，完善公共交通线路，建立联系龙游县、龙游站、龙游南站、灵山港以及各镇村的公共交通线路，构建 30 分钟公共交通出行圈。坚持"显山露水、道法肌理、宜路宜景、展现风貌、小街密网、智慧调度、步行优先、串联全域"理念，构建内畅外联交通干线系统，白马路建设为主要过境交通疏解道路，新溪路、文卫路建设为东西向、南北向交通干道，配套设置 6 个大型停车场等静态交通设施；构建人车分流交通网络，社区内部交通通过机非交通物理隔离，实现人车分流，局部采用"小街区、密路网"的布局策略，形成便捷高效的交通网络；构建便捷交通换乘体系，优化"公共交通+公共自行车+社区慢行道"立体接驳体系；构建智能物流配送网，建立社区智能配送中心，以楼栋为单位，配建智能快递柜等终端设备，引入快件物流、餐饮配送、垃圾回收等智能物流服务集成平台，实施物联网追溯全过程物流配送安全管控。

溪口乡村未来社区横跨了曾经的黄铁矿生活区和溪口老街片区，颠覆了"城镇处于乡村和城市之间尴尬地带"的传统认知，以黄泥山区为核心区域，通过社区建设、产业激活、治理优化，构建成为生态良好、产业兴旺、宜居宜业、服务优善、邻里和睦的高质量乡村未来社区，专注于创建可广泛复制和推广的"产乡融合+信用治理+乡愁文化+共治共享+制度创新"综合模板。

溪口乡村未来社区在构建中，努力在追求"新"和保护"旧"之间找到平衡点。在改造社区核心——黄泥山片区时，高度重视当地居民的建议，保留了民众呼声最高的公共食堂、公共电影院，将他们改造成低价便民的共享食堂和干净敞亮的文化礼堂，村民随时可以预约场地进行各类活动，同时这些场地也向镇政府和游客全面开放。随着更多的"共享双创区"落地，未来社区最大限度地提供了与城镇在生活配套等方面实现共享的公共服务及配套设施，打破城市与乡村之间的隔阂。

与此同时，溪口乡村未来社区推动乡村"双创"。在建设溪口老街的过程中不仅重新打造了乡愁综合体、农民创业街等吸引人口回流、回归，同时还加强与衢州学院等地方高校的合作，培育、孵化创客团队，为创新创业融入新的力量与资源。为壮大村集体经济，建设了一批跨村物业联盟，设计了技能培训课堂、乡村企业和经营、社区创业平台、社区商贸中心以及营销平台这五个发展板块，致力于拓展溪口城乡协同发展的集体经济模式，帮助居民培训再就业，拓展增收渠道。

溪口乡村未来社区在社区治理上也探索了根植乡情的新机制。通过创新构建"信用+积分"的自治制度，系统集成多元网格化社区治理体系，通过对村民、商户、企业、养殖场等不同主体制定相匹配、相适宜的评价体系，建立志愿银行，鼓励村民参与集镇志愿活动，获取可用于兑换商品和服务的信用币，激发村民参与治理的积极性，营造互帮互助、团结和谐的邻里乡情。

溪口乡村未来社区代表浙江高质量发展的重要实践，在城乡融合、数字化应用和生态发展方面具有重要的价值，是未来社区理念在乡村的具体应用，将有助于推动农村地区的可持续发展和现代化发展。

第四节 溪口乡村未来社区的创新模式

一、创新乡村产业路径：构筑深度产社人文融合示范区

乡村产业的发展在中国的现代化进程中扮演着重要的角色。随着城市化的不断推进，农村地区的经济结构也发生了变化，原有的农业产业难以满足农民多元化的需求。因此，乡村产业发展成为一种重要的途径，有助于促进农村经济的多元化发展，提高农民的收入水平，推动农村振兴，还有助于保护生态环境，保护和传承乡村文化，促进农村社会的和谐稳定。

溪口拥有40万亩竹海，而竹作为一种可再生资源，不仅在建筑、家具、纺织等方面具有广泛的应用，还具备绿色、生态、可持续的特点。溪口竹海的资源丰富不仅为竹产业的发展提供了原材料支持，还为生态旅游和文化创意产业的发展提供了丰富的资源。

（一）一二三产业融合的发展路径

为充分发挥竹产业的潜力，溪口未来社区积极探索一二三产业融合发展的路径。

首先，通过设立无人超市、乡愁博物馆等公共空间，将特色生态产品，如黄

泥笋和高山茶等销售出去，为竹产业提供市场的推动力。这不仅有助于推广当地特色产品，还吸引了更多游客和消费者前来品尝和购买，从而增加了农民的收入。

其次，坚持使用当地竹材，大力采购竹户外板、竹家具等产品，促进竹产品的展销。此外，吸引了大庄等优质的竹加工企业入驻，实现了竹产业链的完善。这一举措不仅提高了产品的附加值，还有助于提高当地的竹产业的整体竞争力。

此外，为了进一步提高竹产业的市场知名度，溪口未来社区还开发了与竹相关的 IP 系列文化创意产品，并举办竹运会等文化活动，形成品牌效应。这不仅为乡村注入了新的文化元素，也促进了农村经济的发展。

（二）多元化领域的拓展

溪口未来社区积极进行多元化的发展探索，除了竹产业，还致力于发展特色农产品、农村旅游和文化创意产业。近两年，溪口未来社区共开发和提升了富硒黄泥笋、溪口笋酱、自发热发糕、吴刚茶等 10 余款农特产品。通过品牌打造、包装和营销等策略，成功提高了山区特色农产品的市场知名度和竞争力。这些农特产品不仅在本地市场上畅销，还有望出口到其他地区。这为山区农民提供了新的增收渠道，促进了农村产业的多元化发展。而这一多元化的发展路径又不仅提高了农村经济的韧性，还有助于农村社会的和谐稳定。

（三）市场机制的引入

为更好地推动乡村产业的发展，溪口未来社区引入了市场机制，并积极利用政府闲置资产。如"绽放的灵山江"文旅共富项目，该项目由镇国资和浙江省二轻集团合作运营，村集体参与镇国资占股部分可享受分红。项目正式运营后，将带动 1000 余人就业，村民每年可增收 2 万元。这一项目的成功不仅使村集体受益，还为这一地区打造文旅共富的示范区，为更多乡村产业的发展提供了可参考的经验和模式。

（四）文旅生态链的完善

溪口未来社区加快推进完善文旅生态链。从短期旅游的"中转站"转变为提供多日体验的地方，以"一镇带三乡"为特点的山区跨越式高质量发展试验区以及溪口老街美丽乡村夜经济精品线路等特色品牌，每年接待游客超过50万人次，为当地经济的繁荣注入了新的活力。

二、创新乡村发展模式：塑造校地合作终身教育先行区

立足"校地合作、产学共赢"理念，溪口未来社区与衢州学院合作创立浙江未来乡村学院，旨在打造综合孵化、培育、培训研学经济的实践平台。学院的核心项目集中于四个方面：山区共同富裕示范地建设、新时代省际文化高地建设、优质普惠教育先行地建设和实践课程校外拓展地建设，目的是实现校地合作的共赢局面，汇聚高校优势学科和科教资源，促进创新要素的深度融合，共同推动乡村振兴。

（一）精准教育：全面对接高校课程

为实现高质量教育服务，溪口未来社区建立了"按需约课、即日送达、需求不断、服务不停"的教学互动机制，并与衢州学院联合开展"教学送乡"活动。至今，已举办320多场培训，为不同背景和年龄的学员提供全生命周期的精准化教学服务，积极推动提升山区居民的技能水平，促进产业培育和提质增效，为创新和创业提供了有力支持。

（二）支持创新创业：培育创客团队

溪口未来社区积极与衢州学院等地方高校合作，孵化创客团队，吸引年轻创客加入龙南创客联盟，积极推动创新创业，构建双创空间，壮大村集体经济。此外，还探索国资牵头、村集体参股的模式，建设跨村物业联盟，培训居民再就业，增加居民收入，同时致力于探索溪口集体经济模式，搭建双创平台，以志愿积分为牵引，以产业导入为目标，以龙南创客联盟为核心，构建未来乡村市集，涵盖旅游精品线、特色美食、特长工艺和精品民宿。

（三）助推年轻创业者和新型农民

溪口未来社区专注"两进两回"，即帮助年轻人回到乡村创业，同时支持老

农民和年轻人提升职业技能，实现职业转型。为此，溪口未来社区创建了乡村青年创业社群，并举办了乡村青创沙龙，培育青年创业赛事，如青年创业大赛，成功引育多家创业公司，为山区的发展和创业注入了新活力。

（四）提升山区居民素质和品牌推广

溪口未来社区通过开展新型农民培训提升山区居民的职业能力和职业转型，如乡村运营、林下经济、直播电商等领域，帮助居民增加收入；开发和提升山区特色品牌产品，有效推动山区特色农产品的发展和品牌提升。

（五）普惠教育：关爱老人和孩子

溪口未来社区积极探索山区公共服务的均衡性和可及性，通过"体医融合"活动提升中老年人的健康水平，为百姓真正地排忧解难。此外，"南孔学堂"为山区孩子提供假期课程，帮助其充实学业，另外还开设了"素质课堂"，为山区学生提供健美操、绘画、声乐、器乐、戏曲身段、羽毛球等11门课程，以满足他们的素质拓展需求，努力提高中老年人和年轻学生素质的同时也为山区居民提供了更多高质量的教育资源。

溪口未来社区以校地合作、产学共赢的理念为基础，通过精准教育、培养创客团队、支持年轻创业者和新型农民，提升居民素质和山区特色品牌推广，为乡村振兴注入了新活力。其成功经验为未来乡村提供了可借鉴的范本，为实现共赢与可持续发展树立了榜样。

三、创新乡村投入机制：解锁全民共享公共资源创新区

近年来，溪口未来社区积极实践"政府+企业+居民+旅客"共享模式，以提升居民和游客的共享体验，成功构建了共享办公、共享食堂、共享公寓、共享礼堂等项目，旨在最大限度地共享公共服务及配套设施，推动资源的高效利用，为乡村经济的发展提供强有力的支持。

（一）共享办公空间

溪口政府部分办公空间被改造成联合办公场所，提供了便捷的办公环境，为

回乡创业的创客和小微企业提供了支持,有效地解决了创业者面临的办公空间问题,为他们提供了成本可控的办公场所。

此外,政府还积极引入政策性资金,支持共享办公空间的建设,出资改造办公楼,引入现代办公设施,为创业者提供了一个设备齐全、环境舒适的工作场所。这种政府与企业的合作模式,有效推动了共享办公空间的发展,为区域内创业者提供了更多的机会。

(二)共享食堂

溪口政府食堂对外共享开放,不仅满足了政府工作需求,还为游客提供用餐服务,促进了当地餐饮业的发展。此举使政府资源得到最大化利用,为社区带来了便利,也增加了当地的经济活力。政府餐厅改造项目还涉及与餐饮企业的合作,政府与当地餐饮企业签订合作协议,让企业负责管理餐厅,提供食材,创造就业机会,使餐厅实现了持续经营。政府则提供场地和设施,实现了资源共享,为当地企业的发展提供了支持。

(三)共享宿舍

溪口未来社区将职工宿舍改造成中高端民宿,为外来游客提供住宿服务。这种分时共享模式兼顾了政府部门接待和工作人员住宿需求,为地区旅游业发展注入了新动力。

此外,政府还鼓励企业进行投资,在提高民宿档次的同时为有意投资的企业提供政策支持,鼓励他们投资兴建高档的旅游度假村,为游客提供更多高质量的住宿选择。

(四)居民参与共创

居民积极参与,不仅为共同场景的建设提供了创意和建议,还加强了政府与民众的联系。这一紧密的联系对于社区的长期发展起到了重要作用,居民和政府形成了共同创业的模式。

此外,政府还设立了社区居民委员会,由居民选举产生,参与社区事务的决策和管理。社区委员会的成立,增强了居民参与社区事务的主动性,使社区建设更加民主化。

（五）地理优势

溪口黄泥山片区地理位置优越，多条交通动脉使其成为外部联系的枢纽。这种地理优势为共享模式的建设提供了坚实的基础，也有助于加速当地经济的繁荣。值得一提的是，政府还制定了优惠政策，鼓励企业在黄泥山片区投资兴业。这些政策包括税收减免、土地出让等优惠措施，吸引了一大批企业前来投资，有力地推动了当地经济的发展。

四、创新乡村治理机制：构建"信用+治理"样板实践区

在当前乡村治理体系深化的背景下，溪口未来社区通过创新构建"信用+积分"的自治制度，系统集成多元网格化社区治理体系，以村民、商户、企业、养殖场等不同主体为评价对象，建立志愿银行，鼓励村民参与集镇志愿活动，获取可用于兑换商品和服务的信用币，从而激发村民参与治理的积极性，营造互帮互助、团结和谐的邻里乡情。

（一）多元网格化社区治理体系

溪口未来社区构建了多元网格化社区治理体系，以"龙游通"为基础，在数字化场景中率先试点"5G+未来社区"，结合"基层治理四平台"的提升，积极探索"信用+未来社区"综合应用项目，成功打造了龙南"24小时、一站式"服务平台。通过细化责任体系、积分体系、管控体系与运用体系，推动了"工分体系"的综合应用，以党员指数分、居民邻里分和街区治理分为基础，加速了新时代"工分体系"在各领域的应用。

（二）数字化社区治理

溪口社区大脑：通过数字化界面，让管理者拥有更科学、民主的决策，实现信息互联和互通，提高决策效率。

数字溪口政务系统：推进线上线下深度融合，全面完善数字政务系统平台，

| 第二章　溪口乡村未来社区：浙江未来乡村的先行探索 |

实现政务服务的数字化，提供更高效便捷的政务服务，以满足居民的需求。

智慧溪口安防系统：通过智能路灯等设备，实现视频监控报警，为治安部门提供实时监控，增强社区安全。

智慧溪口交通系统：布设智能信号灯、斑马线、智慧停车场等，疏导车流，自动平衡区域交通压力。

龙游溪口的"信用+治理"样板实践区为乡村治理机制创新提供了有益的经验，也为乡村治理提供了更多的创新思路。

第三章　从溪口乡村未来社区到溪口未来乡村

第一节　溪口未来乡村的设立

2019年3月18日，浙江省人民政府发布8号文件《浙江省未来社区建设试点工作方案》，提出城市社区建设"要聚焦人本化、生态化、数字化三位价值坐标，以和睦共治、绿色集约、智慧共享为内涵特征，构建以未来邻里、教育、健康、创业、建筑、交通、低碳、服务和治理等九大场景创新为重点的集成系统，打造有归属感、舒适感和未来感的新型城市功能单元。"

浙江省政府提出"未来社区"这一重大课题、重要概念之后，衢州市委市政府迅速谋划，依据衢州丰富的农村资源和乡土文化，率先启动乡村版未来社区建设，将未来社区建设延伸到乡村。

2019年5月10日，衢州市发改委下发《关于组织开展衢州市乡村未来社区建设试点申报工作的预通知》（衢发改发〔2019〕44号），部署各县（市、区）政府组织开展申报乡村类未来社区试点，并于6月15日完成试点申报工作。

2019年9月，衢州市启动乡村版未来社区试点，并将其作为美丽乡村建设的终极目标，高质量推进乡村大花园建设和乡村振兴战略。截至2021年年底，柯城区沟溪乡余东村、衢江区莲花镇莲花村、龙游县溪口镇溪口村、江山市大陈乡大陈村、常山县芳村镇芳村村、开化县音坑乡下淤村六个未来乡村核心区已基本建成，各具特色，在全省领跑"乡村未来社区"新标准，在全国率先探索出"乡村社区发展"新模式。

2021年10月，浙江省农业农村厅发布《关于加快推进乡村未来社区试点的建议》（第244号）提案的答复，指出龙游县溪口乡村未来社区建设试点成效明显，实践经验非常值得总结推广，并在总结溪口经验的基础上，提出全省未来乡村建设的总体目标，也就是有农村区域的县（市、区）每年开展1至3个未来乡村建设试点，到2023年，试点要取得阶段性成效，形成一批可复制推广的重大成果。到2025年，全省预计建成1000个左右未来乡村，基本完成试点任务，在重要领域和关键环节取得标志性成果，为全国乡村振兴做出重要示范。

在此基础上，溪口乡村未来社区升级为溪口未来乡村，并在营造新乡里、打造乡村新团队、壮大乡村新业态等方面已经取得了明显成效，也积累了一些成功的经验。

第二节 溪口未来乡村的指导理念

一、溪口未来乡村的指导思想

以习近平新时代中国特色社会主义思想为指导，深入贯彻党的十九大精神和十九届二中、三中、四中、五中全会精神，按照《浙江省未来社区建设试点工作方案》《衢州乡村未来社区指标体系与建设指南》和《龙游县乡村未来社区试点工作方案》的相关要求，整合霍华德"田园城市"理论、浙江省特色小镇实践及数字乡村技术支撑"三大"理论，聚焦"人本化、数字化、生态化、融合化"四维价值坐标，突破产业融合、文化传承、资源共享、社区治理和制度创新五大壁垒，全面构建乡村"乡貌、田园、健康、教育、交通"五大基础场景和"共享、乡愁、乡里、创业"四大特色场景，实现人与自然相互融合的现代诗意栖居地。

二、溪口未来乡村的主题定位

传统江南村落"榆柳荫后檐，桃李罗堂前"的村舍景观、"暧暧远人村，依依墟里烟"的田园风光和"晨兴理荒秽,带月荷锄归"的生产模式,是美好而令人向往的。溪口未来乡村将主题定位为"溪口公社 快乐老家",其共享开放、邻里融洽的乡村新型社群和时尚美观、智能宜居的现代乡镇景观也更符合新时代背景下美丽乡村的建设愿景。

(一)溪口公社

倡导共创、共建、共治、共享等"四共"格局,改变传统保守的生活方式,融入共享开放的理念,完善共享食堂、共享图书馆、共享花园、共享平台等新型智能化、共享式基础设施建设,营造开放共享大生态,打造具有烟火气、人情味、归属感的邻里中心,重塑龙游溪口生活方式。

(二)快乐老家

2019年8月,龙游县委、县政府选择溪口镇作为乡村未来社区试点,以"快乐老家"为主题,以"乡愁""治理"为创新场景,彰显乡情、乡景、乡味、乡风等"四乡"特色,打造全省乃至全国最具乡愁的未来社区,打造乡愁经济。留住原乡人、召唤归乡人、吸引新乡人,组成乡村社会共同体,使溪口未来乡村逐渐成为人们奋斗的集聚地,成为真正的"奋斗公社"和"快乐老家"。

三、溪口未来乡村的建设思路

溪口未来乡村秉承"微改造、精提升"的建设思路,力求在创新和传统中寻找平衡,这一建设思路意味着溪口未来乡村建设并不是将具有历史感的旧建筑推倒重建,也不是修旧如旧的历史追溯,而是根据时代的发展和当代人的审美趣味、精神需求进行设计。

溪口的核心区是始建于1959年的黄铁矿职工生活区——黄泥山小区,有着60余年历史。截至2020年年底拥有住户500多户,共1000多人,黄泥山小区的建筑是浸润了半个多世纪风雨的苏联风格,独具魅力。

溪口未来乡村以此为根基,结合现有建筑自身风貌特色,对其自身功能及场所功能进行重构升级,使之既保留有时代的记忆,又能保持美感与使用功能,满足人民日益增长的美好生活需求。如将原来的电影院改造成为文化礼堂，可以用以承办各类活动；将原来废弃的办公用房翻修改造成创客部落，将室内空间布置成富有青春活力的现代风格；将曾经的黄铁矿职工食堂，通过提升改造，建设为共享食堂（如图 3-1）。

图 3-1 改造前后的共享食堂

四、溪口未来乡村的创新路径

（一）农创

农创，即农业创新，指农业领域内各个方面的创新，包括农业科技创新、农业管理创新、农业生产模式创新等。农业创新不仅包括技术创新，还包括制度、政策、文化等方面的创新，是一个综合性的概念。

溪口未来乡村位于溪口镇集镇中心，属于城镇型乡村社区的典型代表，但溪口未来乡村毕竟扎根农村大地，有着丰富的农副产品资源，茶山葱茏，竹海如涛，方山茶和黄泥笋是驰名远近的农业特色品牌，其建设便不能忽略农业创新，政府、企业、农民、科研机构、高校等应多方协同合作，共同推动，以促进农业可持续发展和现代化进程。

溪口未来乡村建设应通过传统农业转型促进农业增收，积极推动农产品渠道革新，着力建设乡村振兴综合体，为山区农民提供集展示、销售、体验为一体的创业创新数字化服务平台。

（二）乡创

乡创由乡村创客及其产品构成。溪口未来乡村建设聚焦农民创业、产业创新，结合老街改造提升打造美食文化、创业平台，用活"乡愁元素"，共创"乡愁产业"，助力农民增收。成立由年轻创客组成的青春联合会，为其搭建创新创业平台，挖掘开发笋竹农特产品和手工艺品，成立竹艺协会，培育竹制品手工艺人，依托新兴的电商销售模式和溪口原有的竹产业，打造竹居生活体验馆。

（三）文创

文创也就是"文化创意产品"，指依靠创意人的智慧、技能和天赋，借助于现代科技手段对文化资源、文化用品进行创造与提升。溪口未来乡村力图通过知识产权的开发培育具有辨识度的乡愁品牌，开发溪口特色文旅 IP——"笋宝""竹宝"及其周边产品。

（四）旅创

溪口未来乡村打破溪口原有的旅游业态模式，依托龙南一镇三乡现有的旅游资源，开发集合了文创、研学和夜经济等业态，形成新的旅游业态。如开展具有农村气息的丰收节，体现和睦乡风的"百人长桌宴"，以及激发年轻人创业活力的"星星市集"等文旅活动。通过邀请"麻花特开心"等国内知名团队来溪口录制综艺节目，提升溪口的知名度和美誉度。串联六春湖等周边景点，开发龙南党史体验线、疗休养精品线等旅游线路。

第三节　溪口未来乡村建设的"一统三化"

溪口未来乡村基于生态低碳、田园栖居、数字赋能、改革创新、科技支撑，通过乡村空间、产业发展、人居环境、基础设施、乡风文明、乡村治理等理念，对当下的乡村进行系统重塑，从而引领乡村新经济、新治理、新生活，主导乡村新观念、新消费、新风尚，催生乡村新业态、新模式、新功能。

具体而言，溪口未来乡村就是通过"一统三化九场景"，即以党建为统领（一统），构建"人本化、生态化、数字化"（三化）的高品质乡村未来生活模式，打造溪口未来乡村的四大特色场景（乡愁、乡里、共享、创业）和五大基础场景（乡貌、田园、健康、教育、交通），全面实现乡村振兴及共同富裕的终极目标。

一、党建引领的溪口未来乡村建设

2022年2月，浙江省人民政府办公厅印发《关于开展未来乡村建设的指导意见》，对未来乡村建设的政策体系提出了"强化组织领导，把党建统领贯穿于未来乡村建设各场景之中"的思路。

溪口在推进未来乡村建设的过程中，便着力将党建优势转化为发展胜势，打造党建统领山区共同富裕的示范样板。聚焦"党建统领、共享共治"，成立溪口未来乡村"竹梦青春"党建联建，吸纳省市县各级国企、高校、乡村、两新等多元党组织14个，制定责任、资源、需求、任务"四张清单"，建立导师帮带机制和"季度评估、半年评价、年度评星"考核机制，深入开展组织联建、项目联动、党员联育、活动联办、资源联用的"五联创建"，着力将党建优势转化为发展胜势，打造党建统领山区共同富裕的示范样板。

经过一年多的实践，溪口未来乡村"竹梦青春"党建联建成效明显，先后入选"衢州市2022年度党建联建示范单位"、浙江省教育厅2023年度"全省高校校企地党建联建典型案例"和中共浙江省委组织部2023年度"第一批党建联建省级典型案例"。

（一）创客联动，增强乡村活力

溪口镇锚定双创集聚地建设目标，组建溪口青春联合会，成立创客党支部，将新业态党支部纳入党建联建，统筹出台人才政策，推动创客回归乡村、创业乡村、造梦乡村。截至2023年年底，已成功吸引电科智胜、小派科技、巨化信息等7家新经济主体落户溪口，在溪口孵化的"瓷米文创""一盒故乡"也成为龙游文创标杆和村播领军团队。

（二）社区共建，提升治理效能

溪口镇着力优化治理和服务，积极创建现代社区，针对集镇社区"流动人口多、社工配比低、党员年龄大"等管理困境，成立新溪社区党总支，将集镇区域划分为4个网格、36个微网格。其中18名党员、42位热心群众自发组建社会组织"心管家"，实现志愿入格服务全覆盖，推动集镇8个建制小区组建业委会，有效实践了党建统领的居民自治模式。

（三）校地合作，做强创新引擎

溪口镇与衢州学院、电子科大长三角研究院等携手合作，以党建联建为主要内嵌机制，以浙江未来乡村学院为主阵地，充分发挥学校人才、科研等领域优势，统领高校师生力量在对策研究、文化活化、双创实践、赛事组织以及体医融合等多方面为溪口美丽经济、幸福产业提供有力支撑。

2021年，溪口镇党委和衢州学院公共教育与教辅党总支开展"溪口未来乡村党建联建"，自联建以来，累计设立45个校地合作专项，累计组建40个高校服务团队，其中有11名博士领衔10项合作项目，共开展了返乡青年创业培训、集聚农民技能培训、产业发展技术指导、乡村普惠教育、中老年人体医融合等服务，累计解决各类问题210余个，帮助龙南山区居民获得职业能力培训受益4000余人次，吸引龙南创业团队24个、创业青年120余人，培育本校毕业生扎根山区创业团队4个。

2023年5月，浙江省教育工委公布了100个全省高校校企地党建联建典型案例，溪口镇党委和衢州学院公共教育与教辅党总支开展的"溪口未来乡村党建联建"案例成功入选。

（四）村企结对，打通"两山"通道

溪口镇与浙江省二轻集团签约合作，全力推进投资2.5亿的"绽放灵山江"文旅项目，一个月完成项目前期、300亩土地流转和81处坟墓迁移，并探索镇村企合股模式，建立"省国资+镇国资+村合作社"合作平台，引智、引流、引产业，进一步壮大村集体经济，提升村民收入。该项目已开始逐步投入运营，效益完全发挥后,预计可为每村每年增收 10 万元以上。

二、"三化"维度的溪口未来乡村建设

溪口未来乡村的建设以人本化、数字化、生态化为价值维度,统筹推进场景应用。

(一)人本化

溪口未来乡村的建设将围绕人的需求展开,促进人与人的关系协调发展。人本化的价值导向贯穿未来乡村的九大场景,特别是服务、治理、精神、文化等场景,体现以人的尺度为中心的理念。

以溪口未来乡村的服务场景为例,通过和衢州学院校地融合的发展模式,开展龙南一镇带三乡普惠教育项目、"南孔学堂"项目、体医融合项目、学前教育质量提升项目等,使溪口未来乡村的居民实现了学有所教、老有所依、健康生活,为当地居民提供优质舒适的服务保障,提高居民的自豪感、认同感。此外,溪口未来乡村建设,还在龙南山区全力打造三个"圈层",即 5 分钟共享核心圈、15 分钟农民集聚转化圈、30 分钟幸福生活圈,构建山区幸福生活圈。龙游溪口乡村未来社区的邻里盒子,也是打造"优质生活零距离"的未来服务场景。邻里盒子的内部设计融合了当下最流行的休闲元素:生鲜茶水吧、天猫精灵、共享卡拉 OK、智慧寄存柜、无人售卖柜、无人医药柜等智慧便民设施,为社区居民、创客、游客提供了更多的便利。

(二)生态化

未来乡村建设应注重环境保护,美化环境,做好污水处理、垃圾分类,共创生态绿廊。全面保护和修复乡村生态,促进人、村庄、自然的和谐共生。未来乡村是人类生产生活与乡村生态环境的共生系统,其生态场景由环境宜居、资源高效和生态系统三个二级指标构成,目的是改善乡村脏乱差的现状,营造美丽和谐的生态环境,提高乡村的宜居程度。

溪口镇风景秀丽,生态资源丰富,其中竹林资源优势明显,素有"浙西重

镇、竹海明珠"的美称,周边共有毛竹40万亩。依托丰富的竹林资源,溪口镇已初步形成竹胶板、竹地板、竹木工艺品、系列竹餐具、竹拉丝、竹炭等工业产业。在原有的竹林资源和农产品资源基础上,溪口未来乡村建设力图将产业发展与生态资源相融合,与创客主体签约联合打造笋干村、酒糟包菜村、飞鸡村等特色村。

(三)数字化

未来乡村建设依托5G、大数据等技术的发展,打造数字化的万物互联的智慧生活,加快乡村数字赋能、数字变革、缩小城乡数字鸿沟。数字场景将高新科技融入居民生活,真正服务于百姓。将数字化、智能化科技手段融入当地经济发展,打造可持续的经济发展之路,并借鉴城市数字治理模式,成立乡村大脑,不断应用于环境保护等公共服务领域,纳入未来社区、数字乡村、数字政府等管理体系。[①]

溪口全镇目前已实现5G信号全覆盖,依托"龙游通+全民网格"提升社区模块,设置"乡里乡亲+五个助手"等特色模块,系统集成实现扫脸游遍社区;联合阿里天猫精灵开发溪口精灵,对扫码游做精准提升。做深做实做智网格治理,聚焦民生、安全、文明、环境等领域推进"智慧网格"建设,重点探索数字三联、数字分类、数字引才、数字帮扶等在线应用;依托有礼积分,全力推进美食、民宿、竹工艺、旅游,打造数字农创。

第四节 溪口未来乡村的特色场景建设

溪口未来乡村从自身资源禀赋以及区域片区化发展的特殊角度出发,提出了"乡里、乡愁、共享、创业"四大特色场景,并于2022年完成试点验收并进入常态化运营阶段。

---

① 潘家栋,包海波.打造数字经济发展新高地[N].浙江日报,2019-07-22(09).

| 第三章　从溪口乡村未来社区到溪口未来乡村 |

一、乡里场景

(一) 建设规划

打造具有烟火气、人情味、归属感的社区共同体,引导居民参与社区共建共治共享,共同营造和谐、美好、互助、互爱、文明、友善的社区邻里氛围,形成邻里精神共同体;建设溪口之家服务中心,为居民提供满足日常生活需求的生活共同体;鼓励引导居民共同创业,共同参与到竹产业的手工生产、技术培训、品牌培育、产品展销等多个环节,形成产业利益共同体。

(二) 设计理念

溪口镇在乡里场景打造中,坚持走以人为核心的新型城镇化道路,持续深化空间战略研究,推动"多规合一"改革,以国土空间治理的现代化来优化空间布局。

首先,完善城镇体系,将未来乡村建设与行政区划布局调整工作、农民集聚化工作相结合,积极推动乡村组团化、片区化发展和农民集聚转化,加快构建定位清晰、层级分明、功能互补、统一衔接的城镇型未来乡村空间格局(如图3-2)。

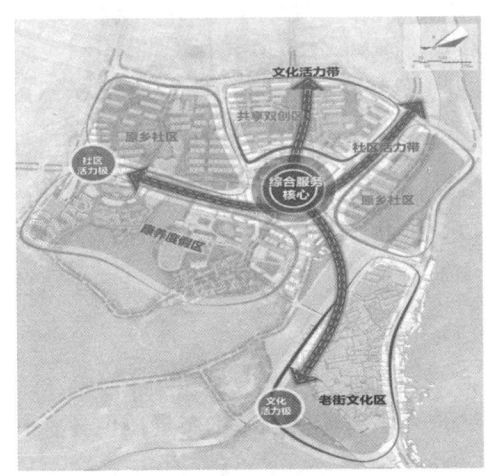

溪口乡村未来社区"一心两极两带四区"布局图

一心：未来社区综合服务核心

两极：社区活力极、文化活力极

两带：社区活力带、文化景观带

四区：共享双创区、老街文化区、康养度假区、原乡社区

图 3-2　溪口未来乡村布局图

其次，以为居民提供适宜的生活空间为宗旨，力求全方位满足居民日常生活需求，丰富居民日常休闲活动，打造高品质5分钟生活圈。引导居民自主参与社区共建共治共享，共同营造和谐、美好、互助、互爱、文明、友善的社区乡里氛围，打造具有烟火气、人情味、归属感、邻里温情，乡风和睦的社区共同体，形成邻里精神共同体。

（三）基本布局

1. 满足居民日常交往活动的乡里空间

溪口未来乡村的乡里场景基本布局主要围绕建设1个溪口绿心+1个文化体育活动中心+1条环社区休闲慢行道展开。

1个溪口绿心：溪口绿心公园突出"竹"元素，打造一处可游、可赏的城镇绿心公园，同时以"偃王故里"为设计元素，新建徐偃王雕塑，构建社区文化标志。此外，改造盘活绿心公园的间隙空间，注入展览展示、健身运动、娱乐等功能。

1个文化体育活动中心：溪口未来乡村的核心区域可供溪口居民进行日常文化活动和体育活动，由文化礼堂、邻里广场、露天篮球场、小镇会客厅组成。乡村礼堂可为居民的文化生活提供活动场地，满足居民举办文化节庆、文化仪式、文体活动以及居民议事集会等活动的场地要求，丰富了居民的精神文化需求。邻里广场也是溪口居民重要的文化活动场所，满足了居民文化生活需求（如图3-3）。

露天篮球场以明亮的色彩营造社区年轻、健康的氛围，同时植入智慧运动短视频功能，自动捕捉每个人运动过程中的精彩瞬间，并可通过手机端制成短视频发布传播。

"邻里盒子"是未来乡村重要展示窗口及公共服务空间，为小镇居民、游客提供接待洽谈、商务会议、休闲体验等多种功能服务。"邻里盒子"是三座白色的现代建筑，掩映在绿色林荫下，外观清新亮丽，目的是打造"优质生活零距离"的未来服务场景（如图3-4）。

1条环社区休闲慢行道：溪口未来乡村的"乡里场景"基本布局还包含有一条环社区休闲慢行道，是集休闲、游憩、文化为一体的游览走廊。其中的儿童探险乐园是以"太空采矿探险"为主题，且增加成人的运动空间，家长可与孩子

| 第三章　从溪口乡村未来社区到溪口未来乡村 |

图3-3　乡村礼堂和邻里广场

图3-4　邻里盒子

一起玩耍。创客花园的设计是以轻介入手法改造原有水池，保存现状树林形成的半围合空间，移除水池中杂乱的假山，改造为钢格栅打底的旱喷，花瓣形的水池壁与外部种植池改造为花瓣形趣味座椅，成为一处轻松舒适、体验低碳邻里互动的空间（如图3-5）。

2. 打造线上线下便捷互通的乡里生活圈

未来乡村建设是构建以人为核心的乡镇现代化平台，是满足人民群众对美好

| 浙江省未来乡村建设的探索与实践 |

图 3-5　创客花园

生活向往的重要举措，要以人为本，确定项目实施的范围和内容。

打造"5分钟邻里生活圈"：以社区服务中心为核心，全面覆盖溪口镇镇区居民生活服务，打造"5分钟"便民服务圈。线下按区块设置3个"邻里盒子"，并配置便民服务自助终端，小区居民可在5分钟内就近前往任意点位进行全业务通办，办结后线上自动反馈，真正实现办事"一站式""24小时"。

打造"15分钟生活圈"：覆盖整个社区范围，依托溪口综合共享服务核心，有机植入街头公园、邻里中心、南孔书屋、市民驿站等，全力打造"15分钟幸福生活圈"，持续优化老城功能品质，实现辐射镇区的普惠型日常生活。

打造"线上服务圈"：以5G信号集镇全覆盖为支撑，依托"5G+龙游通+全民网格"打造溪口智慧服务平台，开发"龙游通"与"天猫精灵"语音管家系统，开发"乡里乡亲""共享助手""创业助手""出行助手"等六大模块。例如"共享助手"模块可实现线上订餐、线上预定会议，真正实现服务智慧化、便捷化。"创业助手"模块，以线上线下一体化的O2O商业运营模式，依托"电商+竹乡"，打造竹居生活O2O体验馆，培育壮大一盒故乡、锄禾农场等品牌。涵盖点餐送餐、物业办事、出行服务、公众等生活需求。

打造"线上社交圈"：结合工作、教育、母婴、宠物、艺术等关注热点，组织社群活动。在邻里圈发布打球、慢跑等运动，组织具有相同兴趣的人参与，结合打卡数量、轨迹范围、社交活跃度等主题进行成就的奖励，发动个人参与。

3. 提供优质生活零距离的生活服务

打造标价清晰、位置易找的智慧集市，配备冷链物流、菜品实时发布、价格实时发布、食品安全追溯监管可视化等措施，提升居民购物体验；将生活服务与居民的精神文化需求相结合，在活动室设置儿童天地、老人活动室、共享书吧、艺术站等活动空间，开设文化活动与兴趣班活动室，并建立线上兴趣小组，便于召集相关人员，开展线下活动；满足居民24小时自助服务区内的（政务、便民）设备需求，增加空间利用率、办事效率，打造创客花园、小镇会客厅、未来社区之间等多个邻里活动空间，为居民提供"优质生活零距离"的生活服务。

加快提升电力、燃气、水务等公用基础设施支撑水平，着力打造智能、普惠、快捷的社区生活服务圈，丰富居民日常休闲活动，引导居民自主参与社区共建共治共享，共同营造和谐、美好、互助、互爱、文明、友善的社区乡里氛围。

（四）建设成效

2022年以来，溪口镇按照龙游"小县大城，共同富裕"农民集聚转化发展战略，加快溪口镇农民集聚小区建设，做好未来乡村建设内容向集聚小区延伸，以小区品质提升来吸引农民、转化农民。

从实践来看，溪口镇居民的集体意识强，参与建设改造的意愿较强，支持未来乡村建设工作的力度较大。在人民政府的正确引导和溪口居民的积极参与下，溪口以"邻里活动空间+丰富的邻里活动"的方式，打造了一个"远亲不如近邻"的未来邻里场景。

1. 举办了多种形式的邻里活动

社区内经常开展免费送春联、腊八节煮腊八粥、中秋节送汤圆、一米菜园采摘、文艺晚会等文化活动，社区嘉年华也会组织社区居民开展现做现送的包新年粽、制作传统手工糕点的活动。

此外，还举办了长桌宴（如图3-6）、竹运会、"留溪口过大年"、学雷锋、植树节、三八妇女节、共享菜园种植、原乡人归乡人新乡人三类人群摸底、科学健身健康生活主题讲座等，以及开展建党一百周年观看红色电影、学雷锋等系列社群活动，有效提升了社区文化氛围。

图 3-6 溪口老街长桌宴

同时，溪口还着力培养公社社群文化，坚持打造有归属感、有参与感的乡村社区，广泛征求居民意见建议并出台了《溪口乡村未来社区公约》；还按照一月一主题开展系列乡村未来社区活动，举办乡村市集、露天电影、联谊篮球、趣味竹运会等，通过社区营造的活动吸引旅客游客游溪口，串联溪口老家与溪口老街带动溪口夜经济发展，打响了溪口老家与溪口老街品牌。

2. 增强了乡里亲情氛围

溪口着力以团结、和谐、共享、共建为核心，以活动为重点，构建具有活力的乡里交往，促进居民沟通交往，增强居民情感纽带，鼓励居民走出小家庭，融合溪口大家庭。

一是培育居民组织团体，建立有共同兴趣和爱好的社群组织，鼓励居民积极参与邻里活动，村民、居民也自发组织业余秧歌、歌咏、绘画工艺队等，这些文化团队的居民体会到参与文化活动和社会交往的乐趣，既增强了社区居民的凝聚力和荣誉感，又使文化骨干得到挖掘和培育，发掘了居民个人特长，提升了居民的自我价值感（如图3-7）。

图 3-7　社区民族舞蹈队

二是制定了"乡里公约"，发起倡议社区和谐友爱氛围活动（为老人打扫屋院，检查老人家中水电情况等），鼓励居民主动参与，提升了社区居民整体文化素质，并根据居民生活需求制定了优质教育、体育锻炼、文化活动、阅读休闲等积分标准。

三是引导居民参与社会管理党员先锋指数分，同时鼓励村民参与集镇志愿活动换积分，建立未来社区志愿银行，居民获得的积分可以兑换"一米菜园"使用权、物业费以及相关服务。

3. 加强了信用体系建设

一是打造"信用+治理"共治模式，加强信用体系建设。溪口创新"信用+"场景应用，推进基础数据归集、评价体系建立、信用应用产品创新，推广"信用+礼治积分"和信用码商家联盟；健全信用评价、监管和惩戒体系，构建"互联网+监管"全链条业务闭环，营造了"守信有价"发展氛围（如图3-8）。

二是聚焦"产业导入、治理创新"，着力农村"新型社群"重构，推进"两

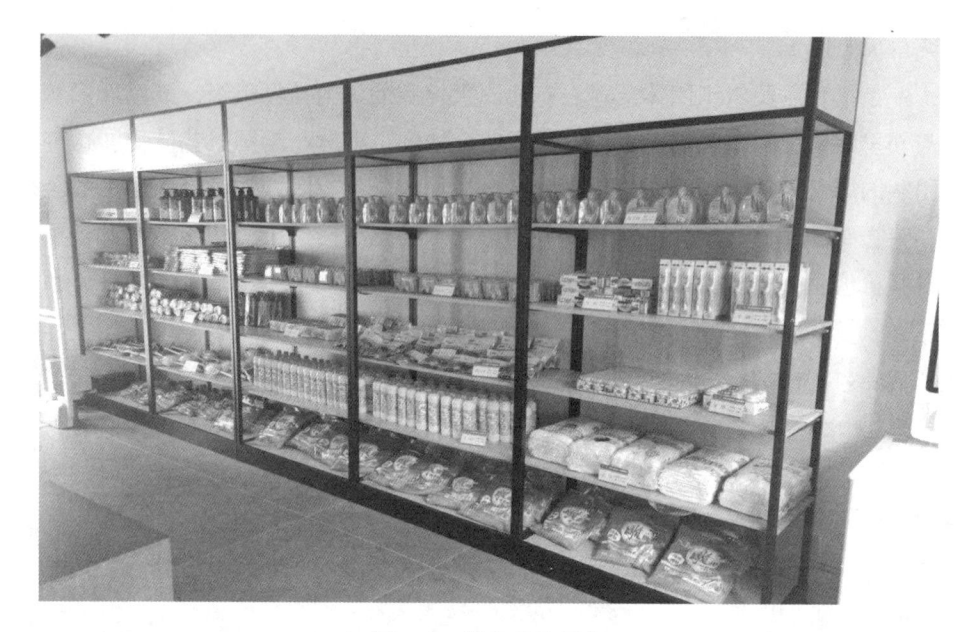

图 3-8　积分兑换超市

进两回"，加快乡村振兴。溪口重点建设了以"信用+共享"制度创新支撑的农村闲置宅基地与农房等资产盘活利用体制机制；以"共同体+邻里文化"制度创新支撑的农村基础设施管护运维体制机制；以"产村融合+产业融合"制度创新支撑的建设美丽乡村向发展美丽经济转变的体制机制；打造了历史文化村落保护利用与乡村版未来社区有效衔接的体制机制以及"折股量化"杠杆撬动金融资本的社会资本投资体制机制，在这五大机制体制方面形成了集成创新的亮点，打造了样板，形成了经验。目前，溪口模式已入围浙江省"信用+"十大联动场景应用典型案例，并作为唯一的乡镇案例在省"信用+"重点场景全省现场会做了经验介绍。

二、乡愁场景

（一）设计理念

溪口以习近平新时代中国特色社会主义思想为指导，深入贯彻党的十九大精

第三章 从溪口乡村未来社区到溪口未来乡村

神,以"溪口老家"为主题,极力打造全省乃至全国最具乡愁的乡村乡愁文化品牌。

首先,依据黄铁矿矿区苏式风貌与浙西徽派风格的特色建筑和灵山江穿镇而过的地理特点,极力挖掘乡村自身优势,保护原乡山水格局,突出乡村地域文化保护标识,打造风貌独特的,具有时代感与历史感的"乡愁"社区,留住居民的"乡情+乡景+乡味+乡风"记忆。

乡愁场景为促进乡村文化的传承与保护,在原本的设施基础上进行改造,不仅节省了成本,还保留了一些原本的建筑,让老一辈的居民在改造过的建筑上依旧能找回旧时光的影子,消除了居民对社区变化的不适应、不熟悉,也能更快融入新社区。

其次,深入挖掘龙游历史文化,特别是刘章[1]、余端礼[2]、余绍宋[3]、华岗[4]等名人文化,汇编成册,将历史故事巧妙融入景区,增加旅游景区的文化厚度。同时,将民居苑景区打造成龙游商帮文化园,启动溪口镇乡愁文化、孝悌文化、商埠文化的挖掘、植入工作,以"建筑""健康""教育""乡风"为特色场景,带动生态、智慧等其他场景融合发展、迭代升级,构建具备乡愁记忆、生态基底、特色风貌、田园风光、智能高效的未来场景,凸显"历史风貌邻里样板、乡愁文化社区标杆"的建设目标。

(二)基本布局

第一,将乡愁场景的打造融入"绿色城区""未来社区"理念,用项目攻坚的方式推进老城镇更新。坚持征迁、设计、建设、运营一体推进溪口老街开发,

---

[1] 刘章(公元前200年—前177年),西汉初年宗室,汉高祖刘邦的孙子,齐悼惠王刘肥次子。吕后称制期间被封为朱虚侯,后因诛灭吕氏有功被加封为城阳王。去世后谥号景王。

[2] 余端礼(1135年—1201年),南宋宰相。字处恭,浙江龙游人。高宗绍兴二十七年(1157)进士。历知湖州乌程县,孝宗召为监察御史,迁大理少卿、太常少卿,进吏部侍郎,出知太平州,奉祠。

[3] 余绍宋(1882—1949),字越园,浙江龙游人。日本法政大学毕业。清朝宣统二年(1910)回国,以法律科举人授外务部主事。民国元年(1912)任浙江公立法政专门学校教务主任兼教习。翌年赴北京,先后任众议院秘书、司法部参事,次长、代理总长、高等文官惩戒委员会委员、修订法律馆顾问、北京美术学校校长、北京师范大学、北京法政大学教授、司法储材馆教务长等职。

[4] 华岗(1903年6月9日—1972年5月17日),浙江龙游人,又名延年、少峰,字西园,曾用名刘少陵、林少侯、潘鸿文,笔名林石父(一作林石夫)、华石修、晓风、方衡等,中国现代哲学家、史学家、教育学家。

保护好传统的乡愁业态形式。溪口老街保留原有街巷尺度和格局，对需要恢复的历史建筑立面进行清理及恢复。严格保护黄铁矿小区原有的空间肌理，避免破坏性新建和重建。保留黄铁矿小区内现有的绿化植被及景观小品，对原有招待所、食堂、礼堂等工矿建筑进行加固整修，恢复昔日特色风貌。

第二，植入新的业态功能，打造文化展示与休闲商业相结合的特色街；天妃宫片区是溪口老街最具历史记忆的区域，计划将其更新成以信仰为主题的公共活动空间，供老街居民和游客使用。打造以天妃宫、禹王庙、八字门厅为主的历史文化核心。计划建造的竹溪剧场将为游客及居民提供一个欣赏文化表演及公共文化活动的场所，通过演绎溪口的历史情景再现历史记忆。

第三，以溪口老街为主要窗口，打造乡愁场景，发展乡愁经济。通过夜间活动的打造再现溪口繁华的乡愁记忆。深度挖掘龙游特色小吃历史文化传承，打造以龙游发糕、庙下米酒为特色，带动葱花馒头、豆腐丸子、米粉干等"龙游风味"小吃品牌。以"邮"文化为主题，在溪口老街创建乡愁邮局民宿，为青年创客提供"安全、卫生、友善、舒适、经济、环保"的住宿服务，鼓励更多的青年创客留在溪口。进一步实现乡愁与产业的有机结合，留住人，品乡愁。

（三）建设成效

溪口围绕"活化乡愁记忆、延续文化脉络"，重点打造"15分钟品质文化生活区"，深入挖掘徐偃王仁义文化、龙游商帮文化、黄泥山工矿文化、竹纸文化等地方历史文化的精神底蕴，扶持农村非遗传承人、民间艺人共100余名。又定期举办"遇见溪口1988""芳华排球赛""复古音乐会""竹运会"等文旅体活动，打造特色乡村艺术馆、乡愁中心、综合文化站、大师工坊、南孔书屋等公共文化空间，成功入选浙江省第一批摄影小镇。2022年春节期间，溪口举办民俗嘉年华活动，仅三天就吸引游客2.3万人，带动老街商户增收270万元。

1. 挖掘了民间风情

一是进一步挖掘景区资源、农业资源和乡土文化资源，注重保留乡村传统风貌，同时抓好一批以乡村元素为主题的村歌、故事、舞蹈、戏剧等文化艺术作品创作，开展了文化礼堂四季（春耕、夏种、秋收、暖冬）活动。还运用高新技术对硬头狮子、貔貅、滚花龙等民间舞蹈、婺剧、道情、畲族表演等传统表演艺术类非物质文化遗产进行了编排创新（如图3-9）。

图3-9 非遗竹马活动

二是鼓励居民种植笋竹、方山茶、板栗等传统龙南地区的农作物，规范农田作物种植类型及种植规模，定期组织社区居民进行农业生产活动，生产工具等均采用传统农具，保留延续了传统的农耕文化。

2. 传承了奋斗精神

完成了原黄铁矿厂的改造工程，打造了乡愁记忆博物馆、共享宿舍、小镇客厅、室内多功能运动馆，对原子弟学校教学楼进行了加固改造，改造面积约1300平方米，新建了社区之家、共享菜园。

溪口镇未来乡村的核心区位于溪口镇集镇，规划区覆盖集镇建成区，主要包含黄泥山小区（改造项目区）项目。黄泥山小区原来是巨化集团有限公司职工的生活社区。小区内有业主委员会，老人居多，基本为在铁矿厂工作的工人及其家属，截至2021年年底有总户数629户，总人数约1001人。溪口以"黄泥山奋斗历史展+共享建筑群"为发展方向，以黄泥山片区的建筑改造和装配式建筑展示为载体，建设了黄泥山记忆博物馆，展现黄泥山历史，传承发扬奋斗精神，鼓励当代人艰苦创业，践行"幸福是奋斗出来的"理念，并在保留原黄泥圩水电

75

站原风貌的基础上，结合溪口当地特色，设计出了具有独特风情的民宿，为龙南一镇三乡游客提供个性化住宿，带动了溪口旅游业的发展。

3. 发展了乡愁经济

一是培育"乡愁文化"和"乡愁文创"，发展乡村旅游、乡村文创、农耕文化、创意农业等新产业新业态。将"乡愁经济"作为新时代乡村产业的重要路径，把"农合联+乡愁综合体"作为乡村产业主要载体，打造"乡愁综合体"，植入高校资源，聘请大师、教授，乡村手工匠人和竹笋农户签约，形成了由大师、教授引导，乡村工匠和农民共同创业的局面。

溪口老街作为溪口的文化印记，整理布局了小吃、民宿、博物馆等文旅产业要素，并植入竹工艺街区，将其打造成溪口文化旅游的重要产品。截至2022年年底，已经成功吸引了58位乡村青年参与老街的运营、策划和推广，成功培育了"乡愁邮局""寻味坊""雷老弟""竹下九里""革命小酒吧"等特色品牌。溪口老街智慧商圈建设的整套组合拳，有效推动了溪口的旅游回暖、消费回补。

此外，溪口还在溪口村历史文化村落保护利用项目的基础上，围绕村落活态保护扩建文化站，打造大师工坊、乡村民宿、南孔书屋等新业态新服务的"超级文化站"。修缮占地382平方米，有400年历史的禹王庙为"禹王书局"；改造一处建筑面积约248平方米的闲置老宅，用于文化艺术大师工作室；将约200平方米的文化站改造为乡村民宿（大师宿舍）。

二是深化美丽乡村夜经济精品线。在溪口村、石角村两个历史文化村落保护利用重点村建设夜经济服务设施，以科技、艺术、乡野为主题，用竹为元素展现。其中，溪口村建设具有互动性、科技感的地标"光之亭"，吸引外地游客驻留，以灵山江水为载体建设大型水幕；在石角村打造以自然为主题的夜经济载体，建设无光污染露营基地。

三、共享场景

（一）设计理念

始终贯彻共享理念，将黄泥山片区打造成为共享双创区，通过共享办公、共享食堂、共享公寓、共享礼堂等改造项目，积极探索"政府+企业+居民+旅客"的共享模式，最大限度地共享公共服务及配套设施，打破政府与居民之间的"围墙"。

（二）基本布局

首先，利用区位及交通优势，奠定共享场景的布局基础。龙游南站加强了溪口的对外联系，多条高速、省道交通动脉在镇区交会，对外交通便利，内部交通规划范围道路网框架已实施完善，南北走向道路基本疏通。共享场景的建设涉及居住生活、会议展览、商务办公、公共服务、文化传承、休闲生活六个方面。均衡的公共服务设施布局，不仅给居民带来实打实的便利，满足居民日常生活所需，还给政府、企业创客、旅客带来办公、游玩、居住的场所。溪口商贸流通、生态、休闲旅游等产业处于初步阶段，共享场景的建设将给溪口经济发展奠定最牢固的地基。

其次，充分利用闲置资源，实现政府与居民零距离共享。溪口未来乡村在社区功能上突出乡亲乡贤与旅客创客、企业与社区、政府与社区、政府与企业等"四个共享"。镇政府部分办公空间改造成"公社工坊"，是青年创客、新业态群体联合创业的文化创意空间；由镇干部宿舍改造的"公社驿站"，是集旅居服务、公务接待和集体宿舍为一体的职住配套空间；由镇政府食堂改造而成的"公社食堂"，是实现游客用餐、居家养老配餐、镇干部工作餐三合一功能的生活餐饮空间。

（三）建设成效

溪口未来乡村在建设过程中始终贯彻共享理念，将黄泥山片区打造成为共享双创区，积极探索适合于未来乡村的共享模式，使政府、企业、居民、旅客都能最大限度地共享公共服务及配套设施，打造具有烟火气、人情味、归属感的乡村共同体。

1. 改造现有资源，实现了多方共享

作为溪口镇未来社区的核心区域，黄泥山小区"共享"理念现已随处可见，溪口未来社区还将建设一应俱全的便民服务中心、可供休息的"邻里水吧"、宽敞明亮的共享图书馆等公共服务资源。

| 浙江省未来乡村建设的探索与实践 |

　　由原黄铁矿职工食堂改造成的共享食堂（如图 3-10），是满足游客用餐、居家养老配餐、镇干部工作餐等三合一的新型食堂业态形式。将原黄铁矿职工宿舍则改造成了以中高端民宿为代表的共享宿舍，在商业运作的同时满足政府部门接待、工作人员住宿的功能需求，形成分时共享，产生最大化效益。

图 3-10　共享食堂

　　还将原职工招待所打造成共享办公场景（联创公社），为乡贤和返乡青年提供一站式共享办公模式的服务与支持。室内布局分割成公共区域和办公区，公共区域配置咖啡吧、乒乓球室、瑜伽室，并配有数字智能化设备，可以通过线上预定会议，满足办公需求。另将原黄铁矿食堂改造为了共享礼堂，用于党建、文化、艺术、回乡者说、乡村振兴等主题论坛活动，助推"三治融合"实践。

　　2. 建设了共享设施，推动居民互动

　　建设了共享图书馆，打造了可供居民读书、学习、社交的学习空间，服务全社区人群学习需求，增强社区学习氛围。又组织策划了向社会和个人募集闲置书籍的活动，形成社交圈，并激励社群举办线下活动。

　　同时，通过"积分奖励机制"，当地居民可以通过捐赠书籍换取相应积分，享受各种福利,如换购生活用品、免费泊车、家政服务、儿童托管等。溪口通过组织线下活动和进行"积分奖励",带动了社区读书学习的书香氛围。此外,溪口未来乡村还将增加共享菜园、共享健身房等共享设施,供居民使用。

四、创业场景

(一)设计理念

乡村兴则国家兴,乡村衰则国家衰。在现代化进程中,如何做好乡村振兴工作,在一定程度上决定着现代化的成败。溪口镇为深入贯彻习近平总书记关于人才工作、乡村振兴等工作的重要指示精神,紧紧围绕未来乡村建设指南,切实发挥企业、用人单位、合作院校三方作用,激发"联创公社"载体活力,提出以文旅产业为核心,带动溪口镇竹产业的转型升级,促进农业现代化的发展,创新溪口居民的创业模式和集体经济的发展路径。构建村集体物业联盟,建设社区创业平台、技能培训课堂、社区商贸中心、乡村企业和营销平台五大板块,探索溪口集体经济的创业场景。

(二)基本布局

未来乡村是浙江高质量发展的重要抓手和重大民生工程,其以满足人民美好生活向往为根本目的。溪口镇启动未来乡村,以"乡村双创集聚区、集成改革试验区"为主抓手,坚持"老项目改造+新项目统筹"两轮驱动,因地制宜、突出特色,从当地实际出发,提出以三个主项目来构建创业场景。

一是农创共享办公。"农创"中的农指的是农产品办公室,而"创"是指农产品线上销售平台。溪口为农创工作人员及当地居民提供共享办公场所,建立网上交易平台,实现线上线下一体化发展,同时打造休闲公共空间,配套餐饮、阅读等活动空间。2021年4月,衢州学院在溪口成立"乡村未来社区学院(衢州学院美丽经济学院溪口分院)",推行"知智育乡人、科技兴乡业、文化铸乡魂、品牌扬乡名"行动,广泛开展校地合作、助推美丽经济幸福产业发展。同时引入"一盒故乡"第三方电商平台,开设官方抖音账号、共享村播直播间,推动品牌化等方式，有效拓宽春笋、"凤尾银丝"、竹工艺品等特色产品销售渠道。

二是建设立体农贸菜场。溪口镇是传统的农业大镇，山环水绕，竹海绵延，生态本底优良，优势突出，规划范围内森林覆盖率达78.4%，四季都有当令竹笋尝鲜，笋竹和茶叶是溪口镇的两大主导产业，打造笋、时蔬、农作物等农产品加工区、展示区、体验区、销售区，为商户及游客提供线下体验、线上销售、送货到家、积分换购等服务，提升农产品销售体验。

三是农产品加工厂。笋、新鲜时蔬、农作物等农产品加工，在完善基层食品安全网格前提下积极推进基层市场的监管平台建设，落实食品安全属地责任，市场监管所人员派驻村指导员。深入推进基层食品安全网格化管理，进一步落实网格员食品安全工作职责，确保基层食品安全工作得到加强。并且发展二产、促进三产融合，立足龙南40万亩竹海的生态本底，逐渐形成竹产业一二三产融合发展格局。利用无人超市、乡愁博物馆等公共空间销售黄泥笋、高山茶等特色生态产品。

（三）建设成效

1. 提供就业岗位

通过加快溪口竹加工园区"腾龙换鸟、凤凰涅槃"专项行动，共同培育和招引基于龙南山区资源的生态工业，成功吸引了安吉中竹产业等优质竹加工企业入驻，建成溪口长田畈竹小微园。开发生产户外竹地板等尖端竹制品，有效带动周边乡镇30余家初加工企业，完善了当地产业链，增加了当地的就业岗位，培训居民再就业，又增加了居民增收渠道。

同时，依托溪口镇农合联，创建了溪口集体物业经济联盟。该联盟集合三大功能，使村民增收模式由单一收入转变为了多渠道、多元化、持续稳定的模式。

2. 集体收益分红

由国资公司牵头，溪口镇、大街乡等结合本村实际的基础上，多思考、多谋划，重点从产业类、资产类方面入手，试点村参股，建设跨乡镇村集体物业经济联盟，让每一位村民都可以成为股东，年底对集体收益分红。具体实施体现在整合溪口老街、乡愁综合体、超级文化站等多方资源，由溪口村成立溪游记旅游公司，打造长桌宴、竹运会、美食街等品牌，吸引人气，增加村集体和村民经济收入渠道。

3. 提供创业平台

溪口镇人民政府以"创新创业绿色通道，强化创业支撑保障机制"为核心，以"优化创业服务、创客推介活动、创新金融产品、人才安居保障"为出发点，致力打造线上线下互通的创业平台，具体体现在以下几方面。

一是打造创业助手一站式服务中心，提供技术支持、政务指导、金融服务、管理培训、法律咨询等个性化服务，并且"建立创业培训新机制"，集聚优质创业培训资源，紧扣竹产业、文创产业和文旅产业，聘请创业师资，开发创业课程，创设应用场景，开展专项实训。

二是以共享模式为主，围绕竹木产业、农产品、乡愁产业，定期开展电商双创沙龙、"乡愁邮局"展销、"奇思妙想"创业创新大赛，吸引了创业领袖、投资人等外部人士，帮助创业者与行业相关人士建立联系。

三是鼓励金融机构创新产品和服务，开发以人才信用为基础的信贷新产品，政府相关专项资金予以风险补偿或利息补贴。

四是通过"人才落户绿色通道"，会同有关部门，针对引进人才制定住房租售优惠政策，对符合条件的高层次人才发放"绿卡"，开辟绿色落户通道。建设"人才公寓"，实施单元内配建22789平方米的人才公寓，预计引进人才650人，给予一定租住补贴，低于周边均价，解决人才的住房问题。

第五节 溪口未来乡村的基础场景建设

溪口未来乡村在聚焦四大特色场景建设的同时，还将致力于乡貌、田园、健康、教育、交通五大基础场景建设。首先，溪口未来乡村的乡貌场景以"生态环境保育、存量资源再利用、历史文化传承"为主题，通过保持原生态环境的原真性与完整性和传统建筑风貌的一致性，实现乡貌场景建设。其次，通过创新探索溪口一二三产融合发展模式，也就是以文旅产业为核心，延伸文化创意与现代服务业，促进竹加工产业的提质升级，带动竹笋种植等农业的融合发展，为田园带来丰富的想象空间，实现田园场景建设。再次，溪口未来乡村的健康场景建设依托优美的自然山水环境，积极推进全民健康建设，培养健康生活习惯，提升健康服务供给体系，构建"全生命周期"健康管理时代。此外，溪口未来乡村的教育场景，以浙江未来乡村学院为场地依托，进一步加大与龙游县及衢州市优质教育资源对接，创造全民"终身学习"时代，推进学习型社会建设。最后，构建低尺度、密路网、多元体验的智慧交通场景，构建溪口慢行环路体系，融合环保、运动、休闲、旅游等多种功能的慢行网络体系，实现居民生活休闲一体化。

截至2021年年底，溪口未来乡村的五个基础场景已基本建成并投入试运营。

一、乡貌场景

（一）建设目标

坚持原生态环境的原真性与完整性，秉承传统建筑文化，使历史记忆、地域特色、民俗特点融入社区建设与维护中；建设村史馆，鼓励乡村史志修编，推广家训传承文化；编撰村故事、创设社区文化宣传刊物，深入挖掘乡村特色文化符号，盘活乡村民俗特色文化资源；打造溪口特色文化建筑风貌，突出"山水对景、古今对话"的风貌格局；加强环境卫生设施建设，打造生活环境优美的宜居示范社区；存量资源再利用、节能装配式建筑实现资源高效利用。

（二）建设思路与路径

溪口未来乡村乡貌场景体系的建设思路由五个部分组成：生态环境保育、乡村文明营造、宜居环境建设、资源高效利用、特色建筑风貌。

1. 生态景观保育

溪口镇人民政府本着尊重自然的原则，保持原生态环境的原真性与完整性，通过层山、理水、护林、营田，营造宜居的生态环境，突出生态性及地域文化元素。依托周围的自然地形地貌塑造特色活力的山、水、城镇景观格局，保持原生态环境的原真性与完整性，防止"高山园林化，中山人工化和低山城市化"倾向。

2. 乡村文明营造

全方面挖掘溪口历史文化，以地名起源、民俗文化、乡贤名士、教育建设等为主要内容建设村史馆，借助现有的建筑设施，采取灵活的建馆方式，一体化建设党史学习教育馆、家风家训馆、孝道文化馆、廉政教育馆、乡贤统战议事厅等，不大拆大建，不铺张浪费。同时，发挥好传承传统文化、留住乡愁记忆、存史资政教化的重要载体作用，使之成为留住乡愁、凝聚人心、传承文明的重要窗口。

3. 宜居环境建设

全面优化农村人居环境。人居环境建设以当地居民需要为主兼顾游客的需要，防止"村落城镇化、集镇城市化、古镇现代化"。按照乡村公共空间集约化发展理念，开展垃圾分类"撤桶并点"创新示范，提升改造龙南垃圾中转站，在溪口聚集地建立"智能分类+智能回收"垃圾分类体系。强化农村公厕运维管理，建设星级"乡韵公厕"。开展农房整治拆后利用链条化、体系化，持续开展"乡韵庭院""一米菜园"创建。

4. 资源高效利用

实行"存量资源再利用"，溪口镇黄泥山片区的乡镇风貌是溪口镇重要的历史印记，黄泥山片区现存大量国有工厂留下的厂房、公建与宿舍，溪口镇在尽量保留场地内建筑历史风貌的基础上，植入现代设计语言，采用立面改造及环境整理的方法对这类建筑进行加工改造，功能置换，展示未来创新创业中心与装配式建筑的工作场景。

5. 特色建筑风貌

在保护传统风貌的基础上，从建筑高度、建筑外立面和风格控制，塑造求同存异、协调统一优美的景观风貌。依托溪口镇原有建筑样式及资源，溪口镇未来社区共规划新式浙派、工业矿区、传统浙派、特色竹文化、现代工业五个风貌。

（三）建设成效

溪口未来乡村严格管控建筑高度、建筑外立面和风格，完成老街沿江房屋立面改造、统一布设特色鲜明的设施标识系统及道路指示牌，不断探索乡村建筑与景观美学融合，建设"山水对景，古今对话"的溪口风貌，以"一江两岸"为主廊道，展现传统与现代对话、生态与人文融合的新溪口风貌场景。

溪口的乡貌场景建设在生态环境、乡村文明、宜居环境、建筑风貌等方面都取得了显著的成效，生态景观依托周围的自然地形地貌塑造出具有特色活力的山、水、城镇景观格局，保持了原生态环境的原真性与完整性。

| 浙江省未来乡村建设的探索与实践 |

1. 生态景观

溪口镇人民政府通过层山、理水、护林、营田，营造宜居的生态环境，突出了溪口乡貌场景的生态性及地域文化元素。

层山：通过保护山地景观的多样性和山地体验的丰富性，防止"高山园林化，中山人工化和低山城市化"倾向。

理水：通过提升污水处理能力，从1000吨/日提升到1500吨/日，确保水质稳定达标排放，保护灵山江的水质。同时，保护灵山江沿岸的生态多样性，提升灵山江沿江景观，打造两岸滨水景观（如图3-11）。

图3-11 龙游县灵山江（沐尘水库-下徐村）获2020年浙江省美丽河湖

护林：在打造灵山江两岸滨水景观的同时，守好林木的保护红线。同时溪口通过"一村万树"绿化造林行动，很好地保护了生态环境。

营田：尽量保留和发挥原有山坡、沟壕、池塘等地形地貌，禁止108米水位线以下农业开发与坡度30°以上林业开发。推进永久基本农田集中连片整治，强化永久基本农田特殊保护，坚决遏制耕地"非农化"、防止"非粮化"[①]。

---

① 王伊吕. 马克思主义视域下的中国农业现代化路径研究［D/OL］. 长沙：长沙理工大学. 2021 [2021-04-01]. https：//kns. cnki. net/kcms2/article/abstract？v＝OHSidZhWKUke9lrlU7URFQPpPCOI2WM6 ZRdwk7a71OCYqUZs2ZJpe7Lx0nQPyJ228KwKVyVHvyWTNZn7yMoxMQ7UCFD_ jIun9rrvNtoII0F6HtTQd_ TMD4e 0U2elbQSSCigSg7qGmhL_ k1PkMKBqsA＝＝&uniplatform＝NZKPT&language＝CHS.

宜居：强调人居环境的建设要以当地居民的需要为主，同时兼顾游客的需要，防止"村落城镇化、集镇城市化，古镇现代化"[①]。

2. 乡村文明

乡村文明建设是实施乡村振兴、打造未来社区、留住乡村人才的重要方式之一。溪口借助现有的建筑设施，采取灵活的建馆方式，一体化建设党史学习教育馆、家风家训馆、孝道文化馆、廉政教育馆、乡贤统战议事厅，发挥其传承传统文化、留住乡愁记忆、存史资政教化的重要载体作用，使之成为留住乡愁、凝聚人心、传承文明的重要窗口。

3. 宜居环境

首先，提升社区绿能水平，鼓励居民参与垃圾分类，加强垃圾回收管理。开展垃圾分类"撤桶并点"创新示范，提升改造龙南垃圾中转站，在溪口聚集地建立"智能分类+智能回收"垃圾分类体系。溪口未来乡村片区还将全域推进"一把扫帚"计划，实行市场化保洁及垃圾分类清运。同时，通过龙游通，村民可线上预约上门回收垃圾，通过智能垃圾分类箱，累积积分兑换礼品（如图3-12）。

其次，加强公厕的建设与管理，提升卫生水平，实现公厕的无公害化。强化161座农村公厕运维管理，新建星级"乡韵公厕"5座。结合公园广场、沿街公建设置公共厕所，服务半径约500米，提升公厕配建水平，按A级标准进行建设，覆盖全部社区范围。建有公厕12个，将污水排放纳入监管，从源头上把好关，加大对污水预处理设施运行的监管力度。

最后，实施农房整治拆后利用链条化、体系化行动，创建"乡韵庭院""一米菜园"。

4. 建筑风貌

溪口镇黄泥山片区是溪口镇重要的历史印记，存在大量国有工厂留下的厂房、公建与宿舍，形成具有特色的工业矿区风貌。此外，溪口老街也保留了较多的传统浙派风貌建筑。溪口镇在保护原有建筑传统风貌的基础上，从建筑高度、建筑外立面和风格控制等方面，塑造求同存异、协调统一优美的景观风貌。同

---

① 李艳菊. 龙门山中北段区域地学景观及传统聚落适宜性研究［D］. 成都：成都理工大学，2013.

图 3-12 智慧垃圾分类设备

时，依托溪口镇原有建筑样式及资源，形成了工业矿区（如图 3-13）、新式浙派（如图 3-14）、传统浙派特色竹文化和现代工业等五种各具特色的建筑风貌。

图 3-13 工业矿区风貌　　　　　　　图 3-14 新式浙派风貌

二、田园场景

（一）建设目标

为进一步整合乡村一二三产业的融合发展，溪口镇鼓励延长产业链条，创新探索乡村一二三产融合发展模式，为田园带来丰富的想象空间。以文旅产业为核心，延伸文化创意产业与现代服务业，促进竹加工产业的提质升级，带动笋竹种植等农业的融合发展，形成综合性强，特色鲜明的产业体系。

（二）建设思路与路径

溪口田园场景的建设思路由三个部分组成：创建生态产业品牌、带动龙南竹产业转型升级、"旅游+"促进三产融合。

1. 创建生态产业品牌

培育"绿色菜园"品牌。规范化、产业化、源生态化发展"绿色菜园"，重点打造原生态农产品品牌，如黄泥笋、柑橘、笋竹、水产、畜禽等产业。积极引入农贸市场与基地和农业专业合作社直销对接、连锁配送、设立直供直销点等新型业态，完善"菜园子"与"菜篮子"对接机制。

大力发展茶叶种植产业链，聘请茶叶种植加工、茶叶综合利用、品牌市场营销等专家指导，大力发展龙游黄茶的种植、加工、综合利用、精深加工、品种培育、品种权收购等工作，创建区域公用品牌。

打造生态农业万亩药园，通过"政府+企业+镇村+农户"服务模式，种植1万亩以上浙八味中草药，重点培育芍药、黄精、元胡、三叶青、灵芝等优质品种。拓展中草药"种—储—加—销—研"全产业链，建设中草药加工基地和研学基地。依托中草药"亦花亦药"的特性，打造中医药生态农业观光旅游示范区。

建设龙游风味小吃原料基地项目。深度挖掘龙游特色小吃历史文化传承，打造以龙游发糕、庙下米酒为特色，带动葱花馒头、豆腐丸子、米粉干等"2+10""龙游风味"小吃品牌，开展龙游小吃食用原料基地建设，完善美食产业供应链。建设共生农作物基地"菜稻豆"连作、稻鱼轮作、莲鱼共生、稻鳖共生、稻虾共生等3000亩，建设本土溪流性鱼类石斑鱼冷水鱼养殖基地1个，推广"美丽庭院+石斑鱼"生态养殖模式25户。

2. 带动龙南竹产业转型升级

首先，设立笋竹专业加工园区，进一步延伸笋竹产业。依托溪口特色竹加工园区，重点培育新材料，秉承竹木产业资源优势，在竹装配式建筑、竹胶板、水煮笋罐头、竹木工艺品、系列竹餐具、竹席、竹炭等主导产业的基础上，带动龙南竹产业的转型升级。

其次，突出笋竹加工转型发展，打造"旅游+工业"的文旅融合发展模式。大力推进浙江大竹海生态旅游项目建设，着力打造龙游溪口竹海风情小镇，实现"工业体验、历史观光"相融合的转型路径，提升竹生态文化旅游品位、提升竹林综合效益，实现经济效益、生态效益、社会效益共赢。

3. "旅游+"促进三产融合

依托乡土、商帮、竹文化等特色，以文旅产业为驱动，促进三产融合发展。注重保留乡村传统风貌和农耕文化景观，保留乡土味道，保护乡村文化；设立商帮特色小镇、历史廊道、专题博物馆、创意夜市；大力推进浙江大竹海"高山花海"休闲区项目建设，着力打造龙游（溪口）竹海风情小镇；鼓励各类经济实体从事竹文化馆、竹产品展示馆、竹科普教育馆、乡村休闲生态游等项目建设，支持笋竹企业从事竹工艺品、休闲食品等旅游产品开发，全面提升溪口笋竹生态文化旅游品位。

（三）建设成效

溪口周边共有40万亩毛竹林，竹产业是林业增效、林农增收的重要途径。溪口农村常住居民人均可支配收入70%以上来自竹产业，从事竹子培育与加工的人员约有4万人。同时，龙南山区生态环境优美，笋干品质优良，出土的黄泥笋肉质鲜美。这些都为进一步延长产业链条，探索乡村一二三产业融合发展模式提供了良好的基础。

1. 加快了林下产业升级

依托森林资源及林下经济等，三产融合模式发展特色突出。溪口镇积极发展，初步形成了包含林禽、林药、林茶在内的林下经济发展模式，截至2021年，已发展林下经济6000亩，示范基地1000余亩。以多花黄精、三叶青、白芨、灵芝、元胡等中草药为主，开展竹药复合经营。加大企业与农户链接，延伸产业链条，逐步形成生产、加工、销售一体化的林下产业格局。①

2. 培育了农副产品品牌

如笋竹农副产品品牌，2022年溪口镇笋竹销售额接近2亿元，带动周边村民每年增收约2万元、村集体增收50余万元，有效帮助村民增收致富。② 此外，打造的"一盒故乡""龙游飞鸡""四季锄禾"品牌，走出的"创客回归、山区共富"模式，让溪口未来乡村成为年轻人新型社群集聚地。2021年，溪口共开展线上直播带货400余次，销售农特产品1200多万元。

3. 推进了竹海生态旅游项目建设

溪口大力推进浙江大竹海生态旅游项目建设，着力打造龙游溪口竹海风情小镇，实现"工业体验、历史观光"相融合的转型路径，提升竹生态文化旅游品位、提升竹林综合效益，实现经济效益、生态效益、社会效益共赢。③ 依托40万亩竹海，探索"省国资+镇国资+村合作社"合作模式，通过村出资源、政府搭平台、省国资招业态，成功以3000万撬动了价值2.5亿元的"绽放的灵山江"文旅共富项目。

三、健康场景

（一）建设目标

提升健康服务供给体系，突破"治疗"向"预防"转变，形成以消费者为核心的智慧健康管理思路，实现"医+养"健康服务设施全覆盖；建立环境与健康监测系统，将中医药"治未病"服务纳入家庭医生服务体系；满足老年人多

---

① 游县溪口镇政府. 溪口镇竹产业高质量发展实施方案（2021）[A]. 2021.
② 蔺紫鸥，曾震宇. 浙江：特色产业拓宽共富路[N]. 光明日报，2023-05-27（2）.
③ 龙游县溪口镇政府. 浙江省第一批未来乡村创建成效自评总结——龙游县溪口片区未来乡村[R]. 2023.

样化、多层次的养老服务需求。

（二）建设思路与路径

健康场景建设规划由五个部分组成：智能健康管理、健康生活预防、零延迟精准医疗、康复康养、幸福养老。

1. 加强智能健康管理

建立全生命周期电子档案。基于健康龙游平台，为社区居民建立数字档案，推进家庭医生服务项目，定期提供个性化健康指导服务。实行家庭医生+专科医生+远程医疗的服务模式；通过互联网、大数据、人工智能等信息技术手段，构建从新生儿开始的健康、疾病直至死亡的全生命周期健康档案数据；建立以电子病历、电子处方等为重点的基础数据库。

定制化健康建议。营造以健康为中心、人人参与的社会氛围，处理好各个生命阶段个人与社会的关系，孕产期和婴幼儿时期结合家庭指导，成长发育期结合学校教育，工作期间结合单位管理，无业及老年期结合社区和家庭宣传。

提升健康服务质量与效率。依托智能健康管理系统，开展健康知识推送、智能体检、健康咨询等多样化健康服务，实现医疗、医技、公卫等信息互联互通，个性化、精准化、零延迟的医疗服务，随时通过各项身体数据了解自身健康状况提升了管理效率和服务效率。

2. 建设智能化健康生活场所与氛围

保障运动场地。进一步改造提升现有的健身场所，因地制宜，充分利用每一块场地的潜力，增强其健身功能，给居民提供良好的健身、娱乐、休闲场所；加大财政投入，多渠道拓宽资金来源，在坚持公益为主的前提下，吸引社会资金建设有偿使用的健身场所。

培育健康生活观。注重普及健康生活理念，实行运动积分制，鼓励全民参与健身活动。

3. 提升医疗效率与水平

实现数字智慧医疗。构建智慧医院，提供电子病历、在约、信息提醒等服务，实现无纸化医疗服务；扩大原溪口卫生院规模，与龙游县中医院建立医疗共同体，开展网上就医服务，实现"社区首诊、双向转诊、急慢分治、上下联动"

的分级诊疗，提升溪口镇卫生院的医疗服务水平，为本地居民及游客提供精准化医疗服务。

打造急救绿色通道。建设5G绿色院前急救通道，实现最优急救诊疗流程设计以及患者生理数据实时无损传输，为医院120急救车"铺路"，争分夺秒抢救生命。

实现远程医疗。依托医联体协同平台，便捷对接三甲医院专家远程问诊治疗服务，接入医联体协同平台实现智慧AI治疗、医疗机器人等设施，实现远程医疗，在符合医疗规范要求的前提下，慢病患者通过互联网慢病管理平台可在家中享受高清视频问诊服务，实现看病不出门。

4. 打造康复康养环境

着力构建家庭化、专业化、高端化的"去医院"元素康养环境，为入住者提供360°、兼顾身心的高品质医养服务。侧重于"慢性病康复、医疗康复、养生度假"，最大限度地帮助服务人群维持、恢复各项心理、生理机能，实现"在康复中生活，在生活中康复"。

建立龙南医养结合中心，依托优质的自然环境及专业团队，针对阿尔兹海默症、高血压、糖尿病、气管炎等慢性病患者，提供自然康复疗法，提高患者康复效果。加强社区卫生院专业医疗康复器械的配备，帮助脑卒中等常见病、多发病病人实现在家享用专业康复器械。依托优质自然环境及康复医疗中心的入驻，形成养生度假模式。

5. 开启幸福养老模式

打造三级养老模式。构建"居家养老—社区养老—机构养老"的三级养老模式。根据老年人日常活动需求，提供每日健康例行检查、娱乐活动、身体锻炼、健康饮食等方面的日间托管服务；积极发展社区和居家护理服务，为失能、高龄或行动不便的老年患者提供适宜的上门医疗护理服务。实现智慧养老家居。远程监控、安全传感、一键呼叫、智能安防等信息化设施建设；社区老人配备可穿戴设备，24小时监控健康状态，家人子女可随时查看老人健康情况；配备智能安防、智能监控、安全传感、智能防摔、一键式呼叫、急救报警等系统的老年友好社区。

（三）建设成效

溪口未来乡村旨在"重养强治，全民健康"，目前已取得以下成效：邻里盒子设有健康监测一体机，已实现对接三甲医院专家远程问诊治疗服务及村民一对一慢性病康复治疗。建成智慧篮球场、智慧健身器械广场、沿江步道等组成的15分钟健身圈；常态化举办健康知识讲座、健康检查等活动，加强孤寡老人家庭远程监控智慧门磁系统建设，家人及网格员可实时掌握老人健康状况。

1. 打造零延迟精准医疗体系

首先，提升溪口镇的医疗服务水平。加强农村医疗设施规范化建设，建设乡村卫生室（卫生服务站）。

其次，提升卫生院的医疗服务水平，与龙游县中医院建立医疗共同体，开展网上就医服务，实现"社区首诊、双向转诊、急慢分治、上下联动"的分级诊疗。

再次，设有远程网络诊疗平台，或在乡村卫生室设置远程医疗诊室，提供名医名院远程诊疗服务，定期开展微医线上问诊，为居民提供全方位、全周期健康服务。

最后，推进智能化终端服务应用落地，建设"智慧健康站"，配置紧急医疗救援服务。

2. 提供居民全周期健康服务

首先，基于健康龙游平台，为社区居民建立了数字档案，推进家庭医生服务项目，建设家庭与社区智慧健康数据连接，定期提供个性化健康指导服务，实施责任医生服务，提供健康咨询、预约就医等定制化服务。

其次，建立村民电子健康档案，逐步实现全体村民健康监测、分析、评估，使溪口居民人人享有健康教育、预防接种、妇幼保健、老年人健康管理等基本公共卫生服务和全生命周期健康管理。

最后，与民盟同心圆基地实现名医家门口服务，建设健康小屋，每周五常态化组织溪口卫生院医生定点开展医疗问诊服务，积极发动志愿者为社区老人提供服务。

3. 改造提升养老健身场所

首先，完成江滨智慧步道、健身驿站、多功能体育馆、丛林越野等健身设施。建有与人口规模相适应的健身、休闲共享空间、球类场地等场所设施；配置室内、室外健身点。

其次，建设居家养老服务中心、老年活动场所、老年食堂，可提供日间照料、助餐等服务，满足老年人读书学习、文化娱乐、体育健身和户外活动的基本要求，打造"15分钟养老服务圈"。

4. 开展常态体医融合项目

邀请国家级健康导师常态化开展体医融合项目（如图3-15），对溪口未来乡村内45~65周岁的中老年人进行体质健康状况检测，有针对性地进行运动干预训练和技能指导，从而帮助老年人建立健康的生活方式和正确的锻炼习惯，实现导师手把手指导健康运动，截至2023年年底，在龙游溪口未来乡村开设了近100场指导，参与项目人数近5000人次。

图3-15 体医融合项目

5. 实现智慧健康养老

实施困难老年人家庭适老化改造，为老年人提供生活远程关注、健康动态监测、意外紧急呼叫等智慧健康养老服务。建设远程监控、安全传感、一键呼叫、智能安防等信息化设施，社区老人配备可穿戴设备，24小时监控健康状态，家人子女可随时查看老人健康情况；配备智能安防、智能监控、安全传感、智能防摔、一键式呼叫、急救报警等系统的老年友好社区。实现数字养老，老年人通过手机可在线点餐并提供送上门服务；通过呼叫网格员，可远程解决困难。

四、教育场景

（一）建设目标

构建覆盖全年龄段的"终身学习"教育机制，实现"幼有所育，学有所教"；推进"AI+教育""终身学习"促进全民素质提升，解决优质教育资源稀缺，覆盖人群少等问题。

（二）建设思路与路径

教育场景主要包含托育全覆盖、义务教育提质扩容、溪口终身学习课堂三个方面。

1. 实现托育全覆盖

全面二孩政策放开后，溪口镇3岁以下婴幼儿数量有所增长，人民群众对托育服务的需求日益强烈。溪口未来乡村极力构建本镇托育服务体系，在社区内配置2个200平方米的托育中心，结合现有幼儿园，实现养育托管全覆盖。面向1个月至3岁儿童开展幼托服务，解决父母因工作没时间看管孩子的问题。

2. 义务教育提质扩容

（1）实现中小学教育扩容提质

实行小班化教学，覆盖整个社区范围。健全师德师风建设长效机制，落实新时代教师职业行为"十项准则"。办好师范教育，加强教师培训，推进编制、岗位、职称、人事等制度改革，进一步调动广大教师教书育人的积极性、主动性、创造性。加大对乡村教师在政策和待遇上的倾斜，鼓励他们扎根农村，留得住、教得好、有发展。大力推进网络进校园，积极探索和实践现代远程教育，进一步加大与龙游县及衢州市优质教育资源对接，引入名师讲堂等远程教育课程，丰富学生知识面拓展。创新教育和学习方式，扩大优质教育资源覆盖面，缩减地域和城乡之间的教育资源配置差异。

（2）形成"校联体"教育集团

通过推进"校联体"工作，为进一步缩小城乡教育差距，实现城乡教育均衡发展，进一步拓展在校园文化建设、青年教师培养、师德师风建设、教育管理水平提升等领域的合作与交流，实现资源共享、理念共享、成果共享。

3. 打造终身学习课堂

（1）构建终身教育体系

构建覆盖全年龄段的"终身学习"教育机制，实现"幼有所育，学有所教"。

在幼托教育方面，提供能覆盖家长工作时间的幼托教育服务，解决婴幼儿照料难题。在兴趣培育方面，针对青少年群体，开设培养青少年创新能力、动手能力的教育培训课程。在职业培训方面，以中青年职业教育为重点，培育社区人才队伍实现在地就业。针对本地农民、返乡青年、创客群体，中青年人群，民间艺人、非遗传承人、创客群体坚持分类施策和因材施教。在社区老年人学习方面，根据社区居民各个年龄段的学习需求，以"溪口之家"社区中心为载体，提供老年人养生课堂、亲子课堂、兴趣培训等社区教育活动。形成良好的社区教育环境。帮助老年人紧跟时代，掌握一些新工具新技术的使用。

（2）完善终身学习配套设施

社区学堂：根据社区居民各个年龄段的学习需求，以"溪口之家"社区中心为载体，提供政策学习、道德教育、心理咨询、兴趣课程、专题讲座、生活技巧等课程。

社区图书馆：依托社区文化活动中心，打造社区居民共享书屋，并对接周边博物馆等学习资源，扩宽社区学习地图。

小型学习空间：在社区中建设学习角、图书馆等学习平台，居民共同学习，共建学习型社区，依托数字学习平台的建设，满足全年龄层学习需求。

线上学习平台：对接网易课堂、慕课等线上课程平台，拓展学习渠道。

（三）建设成效

溪口未来乡村内共有幼儿园2所，小学1所，中学1所，大学1所，构建覆盖全年龄段的"终身学习"教育机制，实现"幼有所育，学有所教"，推进学习型社会建设。

1. 托育全覆盖

首先，溪口镇未来社区构建了本镇托育服务体系，在社区内配置2个200平方米的托育中心，结合现有幼儿园，面向1个月至3岁儿童开展幼托服务，解决家长因工作没时间看管孩子的问题。实现养育托管全覆盖。

其次，统筹考虑托育点建设，如配置养育托管点、乡村托育点、嵌入式托育点、家庭托育点等。

再次，完善了幼儿活动的室内外空间及配套，设置儿童游戏场所，提升家庭育儿水平。

最后，发挥衢州学院幼教专业优势，开展一镇三乡中小学幼儿园教育质量提升行动，启动衢州学院附属幼儿园的建设计划，提升学前教育水平。

2. 义务教育提质

与衢州学院共同建设未来乡村学院，打造优质普惠教育先行地建设和实践课程校外拓展地建设，围绕"学有所教"开展普惠教育，组织开展"国学小课程""勤勤趣味课堂""微改造"等教育实践活动，提供阅读与写作、声乐、美术、体育、趣味科学、健美操、数独、魔方、羽毛球、篮球等高水平的素质教育系列课程，让乡村学生享受高品质城市教育。

同时，建立留守儿童关爱照护机制，使留守儿童通过"春泥计划""普惠教育"等项目得到陪伴与教育。依托"浙里善育"数字化平台，搭建育儿一件事掌上服务平台，提供照护课程。

3. 终身学习课堂

以中青年职业教育为重点，培育未来社区人才队伍实现在地就业。针对本地农民、返乡青年、创客群体，中青年人群，民间艺人、非遗传承人、创客群体等坚持分类施策和因材施教，提出"农民实用技术培训、新型职业农民培训、职业技能培训、乡土人才培训"的教育培训策略。开展优质普惠教育和农民职业能力培训教育活动，帮助300余位农民综合业务能力得到提升，催生"培训经济"增长点。

五、交通场景

(一) 建设目标

为深入贯彻中共中央、国务院《关于进一步加强城市规划建设管理工作的若干意见》中提出的"推动发展开放便捷、尺度适宜、配套完善、邻里和谐的生活街区。""树立'窄马路、密路网'"的理念，溪口未来乡村的交通场景构建原则中也提出构建低尺度、密路网、多元体验的智慧交通场景。

智慧交通概念的引进，为解决交通拥堵、行车安全等问题提供了新思路。在交通领域中充分运用云计算、互联网、人工智能、自动控制等技术汇集交通信息，对交通管理、交通运输、公众出行等进行管控支撑，设置路口信号成片联控，预留车路协同建设条件，实现智能交通，提高交通的运行效率，减少交通事故、降低环境污染，提升交通管理及出行服务的信息化、智慧化、社会化、人性化水平。推动交通运输更安全、更高效、更便捷、更经济、更环保、更舒适的运行和发展。

(二) 建设思路与路径

1. 构建立体化交通，提高交通运输效率

溪口的未来交通场景，仅有经济节约不能代表高质量，必须附之以更高效的方式。有高效才能代表未来，也才能体现出高质量的发展目标。因此，溪口政府坚持构建立体化交通，依托溪口当地地形优势，综合利用社区地上、地下空间，提高交通运输效率，降低交通能耗，同时减少环境污染。

2. 构建便捷公共交通设施，结合绿道建设慢行交通系统

公共交通是满足人民群众基本出行需求的社会公益性事业，也是全面协调、可持续发展的基础支撑和重要保障，与人民群众生产生活息息相关。因此，溪口提出大力建设便捷、高质量的公共交通设施，推动"零换乘"的公共交通设施；以插花式改修建开展停车位充电设施改造，提升车位预留充电设施安装条件；以设计优化来提供停车供能保障与接口，并结合绿道建设慢行交通系统，提高整个

公共交通网络的服务能力和效率。

所谓"慢行系统"就是慢行交通，就是把步行、自行车、公交车等慢速出行方式作为城市交通的主体，有效解决快慢交通冲突、慢行主体行路难等问题，引导居民采用"步行+公交""自行车+公交"的出行方式，预防和治理交通拥堵、环境污染。

3. 以智慧化手段提升物流配送服务

近年来，溪口镇采取了系列措施以建制村通客车为基础，引导物流企业建立物流配送网点，实现寄递全覆盖。加快十里铺物流产业园区、纸浆交易中心、申通产业园二期等项目进度，完善农村电商物流体系，打造多层次物流配送网络，建设农村物流服务点40个，加速交通、物流、电商融合，进一步发挥交通运输在物流业中的基础和主体作用，促进农村物流发展。

同时，以场站建设、电商物流为突破口，全面加快县乡村三级物流网络体系建设，加快物流配送网络向溪口延伸，推进农村电子商务发展，通过县级仓储配送中心、乡镇物流服务站、村级物流服务点、农村快递公共取送点建设，建立社区智能配送中心，以楼栋为单位，配建智能快递柜等终端设备与地下物流配送系统，采用智能配送模式，如末端配送机器人等，实现30分钟"社区—家庭"配送服务；引入快件物流、餐饮配送、垃圾回收等智能物流服务集成平台，实施物联网追溯全过程物流配送安全管控，为农村居民提供覆盖到村的末端快递配送服务，打通农村物流"最后一公里"，也为未来交通提供供能保障与接口预留。

（三）建设成效

溪口拥有一条高速公路（溧宁高速）和一条二级国道（528），528国道还被评为浙江省"最美公路"，溪口未来乡村目前已建成低尺度、密路网、多元体验的智慧交通场景，并充分运用云计算、互联网、人工智能、自动控制等技术，实现对交通管理、交通运输、公众出行等进行管控支撑。建成了便利的交通网络，实现了智慧停车，建设了慢行交通系统。

1. 建成便利交通网络

溪口未来乡村对外交通便利，内部交通已形成由共享停车场、沿江步道、共享自行车组成的交通网络。溪口所有城乡公交线路均实行"两元一票"制度，全面优化线路布局、时间班次，把通村线路与公交干线相结合，实现村民家门口坐公交。打通快递"最后一公里"，设置快递寄驿站，实现在家门口就能寄取快递。

2. 实现智慧停车管理

核心区内安装充电桩、地磁、地锁等设备，提供停车供能保障与接口，通过线上"智慧停车"板块，可实时查看剩余车位，截至2023年，共有限时停车位15个，潮汐车位6个，共享车位10处、200余个。

通过监控设备叠加算法，实现车辆违停、非机动车不戴头盔、占道经营等交通隐患的实时采集、分析、预警。目前，共覆盖64个路口，叠加85类算法。社区内安装充电桩、地磁、地锁等设备，提供停车供能保障与接口，通过交通导视功能，可实时查看剩余车位并指引至该区域。

3. 建设慢行交通系统

溪口未来乡村以居民慢性顺畅、10分钟到达公交站点为目标，打造出了10分钟"慢行+公交"的交通出行链。

第四章 溪口未来乡村的特色实践

溪口镇坐落于浙江省衢州市龙南山区，生态优美、交通便捷、区域优势明显，是龙游县山水田园风光的杰出代表，以盛产毛竹为著，被誉为"浙西竹乡明珠"。

然而，在十数年前，这颗"明珠"一度黯然失色。溪口镇作为黄铁矿职工生活区，随着产业转型，大量人员和资金撤离，溪口镇土地荒废，村容破败，生活空间闲置，"明珠"蒙尘，好景不再。为使溪口镇重焕生机，龙游县政府积极作为，在浙江省不断推进"千万工程"的大背景下，启动"乡村未来社区"概念研究，加速交通、教育、医疗和文化设施的集聚，同时进行环境的全面整治，并制定相关的人才政策。随着文旅项目的不断进驻，溪口镇的人气又回来了。

当下，溪口镇未来乡村建设依托于当地生态环境、历史文化、人文风俗、特色产业及美食小吃，发展溪口特色乡愁经济，推广极具特色的共富实践，通过党建联建、青春联合会、未来乡村学院、校地合作、"一镇带三乡"等举措，探索出一条与众不同的乡村振兴之路，也为周边乃至全国各地山区建设未来乡村、实现共同富裕贡献了溪口智慧和溪口方案。

第一节 党建联建赋能山区治理共富

党建联建是指党组织在不打破现有行政区划管理体制、不改变原有党组织隶属关系和功能形态的前提下，与其他组织之间建立联系，共同推进党建工作的一种方式。这种方式是在新时代下，随着社会发展、党建工作的需要而形成的。

为了进一步实现资源共享、提高工作效率、凝聚党群力量、增强党组织影响力，全国各地积极开展党建联建的相关实践和探索，针对经济社会发展过程中遇到的关键和棘手问题，探讨了通过跨层次、跨行业和跨部门的党建联建策略，以实现资源的有效整合和协同参与到经济增长、服务提供和社会治理等多个方面，从而产生了"1+1>2"的综合效应。

"乡村兴则国家兴，乡村衰则国家衰"，乡村作为基层治理单元，兼具生产、生活、生态、文化等多重功能，是具有自然、社会、经济特征的地域综合体。中国作为闻名于世的农业大国，最广泛最深厚的基础在农村，然而，伴随城镇化率的节节攀升，广大乡村中的人才、资金和资源源源不断地流向各级城市，从而导致各地乡村衰落，当前乡村治理也面临着技术运用不够、人才支撑乏力、内生动力不足、基础设施落后等现实困境。

中国共产党是中国特色社会主义事业的坚强领导核心，坚持党的领导是实施乡村振兴、实现共同富裕的根本保障。对于山区治理而言，更需坚持党建引领，通过党建联建机制打破乡村发展受村域限制而单打独斗的局面，找准各方契合点，实现治理联抓、发展联促、服务联享，在发展的不同环节汇聚更大的力量。

2022年以来，溪口镇聚焦"党建统领、共享共治"这一总目标，成立溪口未来乡村"竹梦青春"党建联建，吸纳省市县各级国企、高校、乡村、两新等多元党组织14个，制定责任、资源、需求、任务"四张清单"，建立导师帮带机制和"季度评估、半年评价、年度评星"考核机制，深入开展组织联建、项目联动、党员联育、活动联办、资源联用的"五联创建"，着力将党建优势转化为发展胜势，打造党建统领山区共同富裕的示范样板。

经过一年多的实践，溪口未来乡村"竹梦青春"党建联建成效明显，先后入选"衢州市2022年度党建联建示范单位"、浙江省教育厅2023年度"全省高校校企地党建联建典型案例"和中共浙江省委组织部2023年度"第一批党建联建省级典型案例"。

一、党建赋能山区治理共富的具体做法

党建联建是党建引领乡村振兴、助力共同富裕的重要抓手。近年来，溪口镇立足于地域特点和发展现状，联合衢州学院、浙江省二轻集团，以及衢州市县各

| 浙江省未来乡村建设的探索与实践 |

类企业、村（社）和小区等14个党组织，以"未来乡村"党建联建为纽带，建立校地企发展矩阵，通过"五联创建"模式，形成"文创+农创+乡创+旅创"融合品牌，积极探索党建联建工作新思路、新发展，聚焦共同富裕主赛道，夯实共同富裕基石，打造共建、共治、共享的乡村治理新模式，奋力推进山区共同富裕现代化基本单元建设。具体做法如下。

一是聚焦聚力校地合作，做强创新引擎。校地联建是充分发挥高校创新高地、人才重地优势的特色举措。遵循"校地合作、产学共赢"理念，溪口镇与衢州学院、电子科大长三角研究院等携手合作，以党建联建为主要内嵌机制，以浙江未来乡村学院为主阵地，重点突出"山区共同富裕示范地建设、新时代省际文化高地建设、优质普惠教育先行地建设、实践课程校外拓展地建设"四个方面，充分发挥院校人才、科研等领域优势，统领院校师生力量在对策研究、文化活化、双创实践、赛事组织以及体医融合等多方面为溪口美丽经济幸福产业提供有力支撑。自联建以来，累计设立45个校地合作专项，累计组建40个高校服务团队，派出专家指导组50余批次、300余人次，其中有11名博士领衔10项合作项目，共开展了返乡青年创业培训、集聚农民技能培训、产业发展技术指导、乡村普惠教育、中老年人体医融合等服务，累计解决各类问题210余个，帮助龙南山区居民获得职业能力培训受益4000余人次，吸引龙南创业团队24个、创业青年120余人，培育衢州学院毕业生扎根山区创业团队4个。

二是聚焦聚力村企结对，打通"两山"通道。村企联建充分考虑当地地理景观、民俗文化特色与企业运转灵活、招商引资优势，是带动产业发展、实现村企双赢的重要举措。溪口镇与省二轻集团签约合作，探索"村集体出资源、镇政府搭平台、省国企招业态"模式，全力推进投资2.5亿的"绽放灵山江"文旅共富项目，一个月完成项目前期、300亩土地流转和81处坟墓迁移，并探索镇村企合股模式，建立"省国资+镇国资+村合作社"合作平台，引智、引流、引产业，进一步壮大村集体经济，提升村民收入。该项目一期灵溪竹海已正式投入运营，2023年春节期间引流5万余人次，营业额达53万元。引荐清华大学美术学院林乐成教授创办"溪口竹驿"工作室，以"大师支撑导师、导师辅导农创客"模式，复兴溪口竹编工艺，提升本地农创客的市场竞争力。

三是聚焦聚力创客联动，增强乡村活力。乡创联建是筑巢引凤，以乡村吸引人才、以人才带活乡村的创新举措。溪口镇聚焦"创客回归、山区共富"新模式，锚定双创集聚地建设目标，发挥龙游不亦乐乎电子商务有限公司党支部的示范引领作用，组建溪口青春联合会，成立创客党支部，将新业态党支部纳入党建联建，统筹出台人才政策，推动创客回归乡村、创业乡村、造梦乡村。截至2023年底已为146位返乡青年搭建创业创新平台，吸引小派科技、电科智胜等7家新经济主体进驻山区乡镇，孵化"溪口乡村研学"品牌，"瓷米文创""一盒故乡"等创客企业年销售额共计达6000余万元，成为龙游全县文创标杆和村播直播领军团队，并入围浙江省乡村运营"十大业态"。

四是聚焦聚力社区共建，提升治理效能。社区共建是激发基层内生动力，发挥群策群力，破解治理难题的有效举措。解决百姓最迫切的需求，满足人民对美好生活的向往是基层党组织建设的出发点和落脚点。溪口镇着力优化治理和服务，积极创建现代社区，针对集镇社区"流动人口多、社工配比低、党员年龄大"等管理困境，成立新溪社区党总支，将集镇区域划分为4个网格、36个微网格。其中18名党员、42位热心群众自发组建社会组织"心管家"，实现志愿入格服务全覆盖，推动集镇8个建制小区组建业委会，有效实践了党建统领的村民自治模式。不仅如此，溪口镇还建立了系统化的积分激励机制，鼓励村民参与乡村治理。除了现有的"信安分"，针对村民和经营户，在"有礼积分"方面也下了不少功夫。积分背后是实实在在的好处，根据不同积分，村民可享受不同的福利，小到换购一点生活用品，大到免费泊车、家政、儿童托管，如果积分够高，甚至在办理业务时能享受"绿色通道"的特别照顾。通过积分奖赏，村民参与乡村建设和日常管理更有激情，自治起来更加带劲。

在建设未来乡村、探索山区共富的道路上，溪口镇坚持"两点论"与"重点论"相结合的原则，以党的领导为遵循，以党建联建为纽带，聚焦重点问题，发挥多元力量，共同参与到乡村治理中来，特色鲜明，成效显著。

二、党建赋能山区治理共富的经验启示

在以党建联建赋能山区共同富裕的实践中，溪口镇目标清晰，既事事突出党建引领，又充分发挥各联建主体作用，依托校地、产乡等资源要素，强化平台载

体支撑，探索出许多行之有效的做法举措，也为周边地区乃至全国各地山区实现山区共富提供了经验启示，贡献了一份独一无二的溪口智慧和溪口方案。

一是牢牢锚定共同富裕的目标。在党的二十大报告中，习近平总书记强调，中国式现代化是全体人民共同富裕的现代化。作为中国特色社会主义的本质规定和奋斗目标，我们所提倡的共同富裕不是少数人的富裕，也不是整齐划一的平均主义，而是全体人民的富裕，是物质生活的富足和精神生活的丰盈。溪口镇党建联建基于对共同富裕目标深刻而准确的把握，一方面，统合各联建方优势资源，不断改善山区的就业创业条件，完成"流量"与"留量"兼得，完善溪口镇文旅生态链，实现从"临时中转"到"多日体验"转变，持续打响未来乡村学院促共富、"一镇带三乡"山区跨越式高质量发展试验区、溪口老街美丽乡村夜经济精品线路等特色品牌，年平均接待游客超50万人次。截至2022年，已接待全国各地培训学习团队280余批次，催生培训经济蓬勃发展，促进居民经济增收，另一方面，积极举办各类文体活动、丰富群众精神生活，不断优化工作生活环境、建设宜居宜业和美乡村。24小时在线的健康小屋，可以提供互联网远程问诊；现代化的共享图书馆，可供大家随时分享知识；共享办公设施为年轻创客们提供便利，乃至智能篮球场、共享食堂、共享礼堂等，一桩桩、一件件都充分考虑人民的现实需要，更好地满足人民群众对美好生活的向往。

二是事事突出党建统领的作用。党建统领就是新时代党的建设的统领，中国特色社会主义最本质的特征是中国共产党领导，中国特色社会主义制度的最大优势也是中国共产党领导。党政军民学，东西南北中，党是领导一切的，是最高的政治领导力量。在乡村振兴过程中，突出党建统领，建强领导核心至关重要。溪口镇在走山区共同富裕的道路中，注重发挥党建统领作用，创新联合党委运行架构，形成"党委统筹+乡镇负责+部门支持+村社落实"的工作链条，深入推进基层党组织建设，以组织建设凝聚共富力量，强化干群奋斗意识。联盟将加强党员队伍建设作为工作切入点，互通党员教育管理经验，互学支部班子建设经验，轮流组织开展党员理论小轮训、党务实务小观摩、党建知识小竞赛等活动，提升党员综合能力水平。着力增强党建联建相应党组织的政治功能和组织功能，积极探索党建联建工作机制和实践模式，把各基层组织、党员干部群众有效组织起来投身共富实践。

三是紧紧依托资源要素的基础。在党建联建赋能山区共富的过程中，既要突出党建统领作用，也要发挥联建优势，加强调研和沟通，联建各方深入挖掘可供给的资源、全面梳理所需求的资源、共同整合能利用的资源，找准联建切入点，让资源释放出更大能量，提升牵引力。溪口镇整合联盟内建设完善的阵地、经验丰富的党务干部、善于组织党课活动的优秀人才等资源，统筹协调实现联盟内"阵地共享、讲师共享、经验共享"。设立3A级乡村振兴讲堂、未来社区会议室等56个党建活动点，联盟成员单位可以免费使用活动阵地及服务设施。引进清华大学教授、人大代表等21名高层次人才、乡贤能人、明星书记进入龙南党建联盟师资库，开展思想政治、产业发展等课程培训60余堂。创建"党建联盟"微信群，以会议、简报等方式"传经送宝"，分享联盟单位间党建工作好经验、好做法，把分散活动变成集体"大课堂"，实现党员教育一体化。

四是处处强化平台载体的支撑。支持鼓励联建各方积极搭建平台载体，增强合作发展的主动性系统性长效性，在工作的组织运行、路径拓展、方法创新等各方面做谋划抓落实。一方面，溪口依托"龙游通+全民网格"模式，构建"党建统领、四治融合、信用联动、智慧支撑"的乡村整体智治系统，以溪口未来乡村创客平台、溪口老街文旅平台为载体，打造集技术、公共服务、金融、信息、法律咨询等服务于一体的创业服务中心，形成龙南区域性创业资源集聚核心。另一方面，凝聚统战合力，多群体深入解难。近年来，溪口聚焦文化在统战工作中"联人、联谊、联心"的独特作用，积极发挥统一战线联系广泛优势，将统战资源与非遗文化有机匹配，联合打造了溪口创艺工坊、方坦窑陶艺技能培训学校等融合非遗文化展示、教育、体验等功能的统战实践创新阵地。以平台、阵地为载体，支持引导非遗领域乡贤人才牵头开展"非遗文化进校园"、非遗研学旅游、非遗短视频创作等活动，2022年以来举办各类"非遗"系列活动60余次，参与活动近万人次。

三、进一步推进党建联建赋能山区共富的政策建议

溪口镇以深化党建联建机制为重要抓手，从目标到实践、从理论到现实、从规范到示范、从整合到融合，打造高水平党建高地，为加快推进共同富裕先行示

范区建设、实现山区共同富裕提供坚强组织保证，进步显著、成效清晰，但为持续推进党建建联赋能山区共富落实深化，仍需进一步思考与完善。

首先，要进一步强化党的领导，多层次凝聚党建联建引领山区共富发展力量。一是以党统领大局、协调各方、精准落实的优势深化党建联建内部联系。通过8090宣讲、未来乡村学院培训、专家教授讲座、溪口实地考察等形式，围绕重大节日、重要时间节点、重要讲话、重要主题、重要会议精神，开展理论联学活动，加强党建联建各方互动，加强各联建方的共同体意识，明确各联建方的优势和资源，责任和义务，精准定位各联建方服务山区共富的实际作用。二是全方位加强基层党组织建设和党员干部培养。强队伍是抓党建的重中之重，要积极践行基层干部"做发展带头人，做新风示范人，做和谐引领人，做群众贴心人"的要求，开展"四种人"标兵评先，让争做"四种人"、争当排头兵成为党员干部的自觉追求，增进联建各方党员干部的先锋模范意识，强化各联建党组织的战斗堡垒作用，协同各联建方凝聚党建赋能的系统合力。三是广泛发动群众和社会组织聚心聚力。既要加强与群众和社会组织的精神联系，以血浓于水的党群关系凝聚共识，将党建联建共同体充分融入党群共同体之中，增进群众和社会组织对党建联建的知晓度和认可度，根据山区共富的需要引导群众和各类组织协同参与。又要不断更新迭代激励方案，坚持精神激励与物质奖励相结合的原则，让人民群众看到实实在在的好处，调动村民参与乡村治理的积极性。

其次，要进一步完善体制机制建设，多维度推进党建联建引领山区共富有序发展。一是持续完善体制机制。加强对党建联建体制机制各方面的理论和实践研究，凝练典型做法和实效经验，沉淀实践规范和执行标准，进而在探索中不断完善党建联建的体制机制，提高治理能力和治理效能。二是注重统分原则，做好条抓块统基层治理经验在党建联建中的应用。充分发挥溪口镇业务部门的指导和各村社业务主体的具体作用，深化条抓块统的基层应用，分层分类指导党建联建锚定共富细化需求谋划、发展和实施项目。三是强化指标考核。以党建联建的年度目标和阶段性目标为基准，量化各联建方的共建责任，制定考核的指标体系和指数模型，实行每月敦促和季度研讨，确保党建联建赋能共富不流于形式不虎头蛇尾。四是加强监督管理，在联盟内开展互查互看行动，抽调专人形成督查小组，定期深入各联盟小组检查主题党日、民主生活会等党内政治生活痕迹，督促落后小组学习提高，推动形成"比、学、赶、帮、超"的浓厚学习氛围。

最后，要进一步强化目标导向，多举措提升党建联建引领共同富裕带动效应。一是科学规划，不断发展壮大党建联建共同体，实现全镇域全龙南片区全覆盖。山区共富非一村一镇能单独实现，只有龙南一镇三乡乃至更大范围内的山区一体共富才能真正实现常态长效的共富。党建联建需要不断扩充联建方和区域覆盖面，如此才能在党建统领下实现区域资源、人才、产业、服务等各方面的深度整合，形成区域竞争力和区域优势。二是推进党建联建共同体全领域发展。广泛吸纳医疗、教育、法律、产业、心理、培训、非遗、康养、文旅等各个有利于溪口整体发展，有利于龙南山区共同富裕的党支部成为联建方，借智借力，高质量推进山区的全面发展和现代化先行。三是以群众需求为根本导向，以数字化为效能手段，积极推进山区精准共富。党建联建各联建方锚定各自行业和领域对标的当地群众需求，精准赋能，精准发力，让每一个项目落地都能精准增进当地群众的物质富裕或精神富裕。同时，党建联建不仅需要"自治"，还需要"智治"，广泛应用数字化手段，结合溪口和龙南已有数字化场景，提升大数据应用和项目效能，通过数字化的党群沟通机制精准服务溪口和龙南山区群众的实际需求。

总之，要以坚持党的领导为根本遵循，以完善机制体制为关键一招，以强化目标导向为重点关切，"联"出新优势，"建"出新模样，创新推动山区自治、法治、德治、智治"四治融合"，进一步推进党建联建赋能山区共富，让溪口大步向前。

第二节　青春联合会注入山区共富活力

青春联合会是溪口镇在响应国家政策与地方政策的号召下，由当地政府搭台，青年创客组织成立的青年团体，旨在激发广大青年的创业热情，引才筑梦，助力乡村建设，以青创力量助推共同富裕步伐。

80多年前，为挽救处于积贫积弱、内忧外患状态下的中华民族，一群平均

浙江省未来乡村建设的探索与实践

年龄不到20岁的溪口青年在家乡创建"溪口青年联谊会"[①],四处筹措资金,购买物资,支援前线,救亡图存,用自己的青春和热血为后辈树立了榜样。如今,一群有志青年为了致敬先烈,助力山区共富,让家乡成为别人的诗和远方,以自己的青春为誓言,在溪口镇成立了青春联合会,发扬传承革命前辈精神,通过定期交流分享经验,汇聚青年力量,共同助力乡村发展,探寻乡村振兴"密码",为未来乡村建设注入青春力量。

"青年兴则国家兴,青年强则国家强"。青年是乡村振兴、共同富裕的新鲜血液,也终将成为实现中华民族伟大复兴中国梦的中坚力量,若是没有源源不断的新生力量注入,乡村振兴就如无源之水、无本之木,将迅速干涸、枯竭,难以实现可持续发展。在未来乡村建设的过程中,青年应该有所作为,更可以大有作为。

在中共龙游县委的第十二届二次全体(扩大)会议上,龙游明确提出了一个目标,那就是探索建立一个以青年发展为核心的明珠城市,希望城市能更加友善地对待青年,同时也希望青年能为城市做出更大的贡献,从而推动龙游步入高品质发展的新阶段。近几年,龙游县以8090新时代的理论宣讲活动为引领,聚焦于青年的全面发展。在这一过程中,当地集中力量营造了一个积极向上、追求梦想和财富、适宜居住和旅游、个人成长和共同分享的大环境,从而不断增强了龙游对青年群体的吸引力、团结力和承载能力;与此同时,龙游的"青和力"项目也在全方位地解决青年"引、育、留"的关键问题,不断地更新和升级人才政策。

青年为乡村注入更充分的活力,乡村则为青年的发展提供更大的可能。作为浙江省首批未来乡村试点单位,溪口镇紧随县委脚步,依托"未来乡村"筑巢引凤,积极探索引才聚才妙方,加快推进人才引进,出台人才政策,为山区共富献策献力,借力青年发展"凤凰涅槃",扎实推进共富示范区建设,形成青年创客新群体,催生出未来乡村新业态,用"青春处方"帮乡村跑出共富加速度。在溪口践行的诸多乡村振兴实践中,青春联合会就是其中一大独具特色的举措。

---

① 钟睿.李子珍烈士与"溪口青年联谊会"——从民间史料窥探70年前进步青年的内心世界[EB/OL].(2019-08-04)[2022-10-02]. https://m.sohu.com/a/331370902_100224826?strategyid=00014.

一、从青年联谊会到青春联合会

在溪口镇溪口老街转入翁家大院的拐角处，有一处民居"李子珍故居"。李子珍是衢州学院的前身之一——省立衢州第八师范学校的教师，他1947年毕业于浙江大学，1948年到衢州师范学校任教，不久后加入中国共产党，担任中共衢州中心支部委员。

一些现存资料上写道：李子珍发起组织过"溪口青年联谊会"，从事"抗日救亡运动"；后来又发起组织过"龙邱学会"，并逐渐发展为革命文化宣传舆论阵地，发展成为我党的外围组织。他于1949年1月被捕入狱，备受酷刑，4月中旬被活埋于衢州东门郊外，此时离衢州解放仅余半个月，是血洒黎明的"衢州六烈士"之一。[1]

李子珍在1935年7月组织成立了"溪口青年联谊会"，这个成立于溪口中心国民学校内的组织，带有浓厚的进步色彩。这群溪口青年在宣言中隐晦地表达了对当时政府的不满情绪——当时的政府和法律已经没有维护社会正义的作用。

资料显示，"溪口青年联谊会"首任主席是翁琅庭，在为数众多的会员名单中，还有时年19岁的傅永龄和23岁的傅春龄兄弟。组织架构上，设有负责联络各地青年的交际组、负责文书会计的总务组、负责会员活动的康乐组、负责对外发送新闻稿件的通讯组、负责促进地方文化事业的文化组，这种组织架构明显带有我党的组织生活烙印，为下一步的革命宣传奠定了基础。[2]

溪口青年联谊会规定每三个月出版一期通讯，并着手招生，计划开办成人夜校。首期会刊中，用较大篇幅描写了"本镇中心国民学校校长无理破坏被改聘青年教师之名誉，抹杀地方教育"的情况，"本会应纠正视听，表明立场，并由会长牵头成立事件调查委员会"，李子珍就被吸纳其中，参与事件调查。[3] 可惜会刊只有一期，未能了解整个事件的具体调查情况，但相信通过介入这样的社会热

---

[1] 钟睿. 李子珍烈士与"溪口青年联谊会"——从民间史料窥探70年前进步青年的内心世界 [EB/OL]. (2019-08-04) [2022-10-02]. https：//m.sohu.com/a/331370902_100224826? strategyid=00014.

[2] 同上。

[3] 同上。

点、焦点问题，并积极主动发声，"溪口青年联谊会"在不大的溪口镇上，必然集聚了超高的人气，为团结和凝聚更多革命力量，发挥了越来越重要的作用。

2022年，一群青年创客在溪口成立"青春联合会"，彼时互助互信为国家之"光明"，而今互助互信为山区之"共富"。

2022年2月，龙游县溪口青春联合会成立暨青年人才之家揭牌仪式在溪口未来乡村举行。40余位青年创客汇聚一堂，发扬传承革命前辈的"溪口联谊会"精神，共同探寻乡村振兴"密码"，为未来乡村发展注入青春力量。相关人员详细介绍了青春联合会的筹建工作，选举产生了第一届理事会理事。在随后的揭牌仪式上，发布了溪口镇人才政策；溪口青春联合会人才代表分别做各项目的介绍。青春联合会与溪口镇就"助青创·谋共富"合作进行签约，双方就"IP开发和应用""空间场地使用""要素支撑"进行合作。

"通过村企结对项目，希望能够带动更多的村民致富增收，让农民不愁销路。"仪式上，溪口青春联合会会员张诚与溪口镇石角村签订"共富猪"项目，通过帮带农户，带动区域农业发展，推进村级集体经济提质增效，实现共同富裕。张诚表示，青春联合会不仅是一个交流的平台，更是一个深化合作的平台，能够与志同道合的朋友一起合作，一起为家乡发展助力。会员史震雷作为翁琅庭的外孙，表示青春联合会可以给青年创客们提供一个资源共享的平台，汇聚年轻创客们的力量，在交流中碰撞出创新能量。

溪口青春联合会的成立，搭建起青年创客群体常态化的交流平台，更好地服务青年就业创业。同时，在溪口设立的青年人才之家，也将成为溪口乃至龙南片区青年人共同创业、共谋发展的"倾听角"、议事堂、讲习所、展示窗，寻求共同合作，实现发展共赢。搭建创业平台，让乡村创业火起来；讲好青春故事，让乡村文化活起来；勇担时代使命，让乡村百姓富起来。溪口镇党委副书记、镇长沃海涛表示，溪口镇将持续做好青年创客服务工作，充分发挥联合会平台作用，吸引青年、集聚青年、服务青年、成就青年，让青年创客在龙南这个大舞台上共享、共创、共融、共生。同时，希望通过青春联合会这个平台，实现创客回归、山区共富。

电商运营人周寒梅、"一盒故乡"创始人姜鹏、"瓷米文创"的吴琴芬、"种地人"张韫等一批青年创客，正以"后浪潮音"推动当地一、二、三产业融合发展，成为引领乡村振兴的硬核力量。

二、溪口镇打造青春联合会的具体举措

溪口镇青春联合会以"传承革命前辈的溪口联谊会精神，促进互联互通，吸引青年、集聚青年、服务青年、成就青年，激发青年群体建设龙南、助力乡村、实现共同富裕的创新创业热情"为宗旨，汇聚社会各界尤其是扎根乡村的青年创业者，凝聚新力量、激发新活力、打造新阵地，通过溪口未来乡村、乡村振兴综合体等载体，按照"跟政府一起办公、跟导师一起创业、跟村民一起生活"的理念，宣传推介龙南优美环境、历史文化、人文风俗、特色产业及美食，发展溪口特色乡愁经济，在乡村振兴路上展现青春力量，走出了一条创客回归、山区共富之路。其具体举措如下。

一是政府搭台，依托创业沙龙，形成创业氛围。2019年以来，溪口镇高度重视新时代青年"上山下乡"双引双创工作，深度挖掘乡愁文化，育产业、引人流、聚人心，为青年返乡、创业创新搭台助力，制定有温度的青年人才政策，提供最佳的营商环境。其一，改造镇政府部分办公空间为青年创客、新业态群体联合创业的文化创意空间"联创公社"，打造开放式办公环境及服务设施，营造创新开放共享大生态，建设青年创业工厂、未来社区学院、乡创基地、乡创公寓等基础设施，聚拢创业青年，定期举办创业大赛、才艺比拼、文体活动、艺术沙龙等青创活动，同时为青年提供阳光雨露，建立"乡创基金"等政策服务，让溪口成为富有朝气和活力的青年创业"大本营"，打造青年创业创新热土。推进"乡村电商、乡村工匠、乡创工坊、乡创论坛"四大板块，打造农产品、工艺品加工区、展示区、体验区、销售区。打造创业助手一站式服务中心，推行"一站式办公、一条龙服务、并联式审批"的运行模式，谋求逐步构建完善技术、政务、金融、信息、经营管理、营销推广、政策指导、法律咨询等个性化服务。其二，与衢州学院开展校地合作共建未来乡村学院，通过常态化举办乡村青创沙龙、青春联合会周年庆、创客联谊会与创业创新大赛，邀请浙江大学、中国美术学院等高校教授，上海乡伴文旅、龙游县文旅公司、瓷米文创等优秀企业代表开展创业讲座、团建路演，传播乡村创业新政策新理念，启迪乡村创业新思维，为

青年返乡入乡创业的招募和落地畅通渠道。每年吸引全国各地青年创客、大学生500余人次，接待全国各地培训学习团队280余批次，初显浓厚的创业氛围。

二是创客孵化，打造创新品牌，吸引人才集聚。聚力聚焦"创客回归、山区共富"新模式，为百名返乡青年搭建创业创新平台，吸引7家新经济主体进驻山区乡镇，孵化"溪口乡村研学""竹语生活""先锐设计"等品牌。目前，已成功培育出张韫、应逸、吴佳华等一批本地研学人才和创业沙龙，吸引了来自北京、上海的设计师和艺术家扎根溪口，实现人才从"无"到"有"、从"有"到"优"的蜕变；"一盒故乡""瓷米文创"等创客项目已成为全县文创标杆和村播直播领军团队，并入围全省乡村运营"十大业态"，吸引省内外30余名青年慕名加入，签约本地手工艺人29名，实现从人才"流失"到"集聚"的质变。2022年以来，依托创客力量大力开展艺术乡建活动，先后举办"2022雕塑绘画艺术展""远方·故乡国际乡村艺术展""龙游水脉艺术节"等艺术活动，吸引了来自国内外的20多位青年艺术家走进溪口，让乡村艺术焕发新的生命力。溪口未来乡村的生态优势、创业环境、幸福指数、宽松的氛围和充分的成长空间源源不断地激发青年的创业潜力。制定《溪口乡村版未来社区"联创公社"双招双引政策》，吸引更多高校、乡贤入驻回乡，成功吸引电子科技大学研发中心、曹春生专家工作站、清华大学林乐成工作室、四省边际研学研究院入驻，推动人才要素加速集聚。创客们将当地人文和自然资源捆绑，邀请当地木匠为游客现场展示小木马等童年玩具的制作工序；开设线下乡愁体验空间，让游客可以购买装有各类龙游农特产品的"一盒乡愁"，打造独特的乡愁产业……2022年，已有90余名年轻创客入驻溪口，结对810户农户，累计销售总额达4000多万元。

三是业态优化，拓展发展空间，转化能级效益。溪口重点培育溪口青春联合会，兑现乡镇人才政策，保障青年创客基本需求，通过带动就业、项目推荐奖励等鼓励项目招引集聚，推动业态迭代升级。2022年，青春联合会拥有会员127名，遍布文化创意、社区运营、电子商务、旅游研学、农创等多领域，并形成辐射效应。2022年，成员单位实现产值2000余万元，带动龙南山区1000余户农户增收。2023年来，溪口积极探索"人才聚引+能级提升"发展路径，重点围绕先进制造业、数字经济、文旅产业开展招商引资，积极对接衢州大花投、巨化矿业，顺利完成"此刻·此地"文旅综合体、年资源综合利用120万吨尾矿渣等3

个亿元项目的决策咨询，预计可带动就业千余人。2023年，溪口还利用社区之家打造"数字游民社区"，未来全国各地的青创客将汇聚溪口，为乡村业态优化、能级跃变注入青春活力。立足溪口生态优势，点燃青年创业激情，引导发展休闲度假、健康养生、艺术文创等产业，打造溪口IP，贡献青春力量，带动更多的龙南山区群众就业、扩大群众的农副产品的销售渠道，激活乡村产业，打造共同富裕样板地。

四是溪口镇锚定双创集聚地建设目标，重点培育乡村人才，孵化创新业态，推动创客回归乡村、创业乡村、造梦乡村。2023年已形成"溪口青春联合会"共富效应，并依托自身优势将特色业态辐射全县，助力打造龙游大南门历史文化街区、湖镇老街、浦山凤凰部落、罗家特色馆建设，积极参与山区乡镇文旅及特色农产品的推广，形成了县域互助互持的奋斗气息，为全县共富示范区建设提供青创力量。

三、进一步引才聚才推进山区共富的对策建议

"奋斗公社，快乐老家"，这是溪口人心中未来乡村的生活主题，对他们来说，未来乡村的搭建不是推倒一切重来，也不是简单的修旧如旧，而是期望乡村像人体细胞一样实现自身的迭代更新，不断地进化，而这种进化的原动力正是"人才"。而今，溪口镇已经成为青年人的快乐老家，他们与未来乡村相互成就，把现代版的田园乡村梦，逐渐变成现实。溪口以自己的实践证明了乡村也可以留住青年，留住爱，为周边及其他地区引才聚才提供经验借鉴。

一是共享资源抱团发展，搭建青年创业"舞台"。在溪口未来乡村，青年创客与政府一起办公、与大师一起创业、与居民一起生活。为筑巢引凤，当地政府推出一系列"双招双引"新政策，依托衢州学院建设美丽经济学院、未来乡村研究院，让回到溪口的年轻人抱团发展，相互促进并成长。自溪口打造未来乡村以来，通过农民集聚和乡贤回归工程，共有2700人流入，原乡人、归乡人、新乡人，他们在溪口一起创业、一起生活、一起致富。青年的回归，为当地发展注入全新动力。溪口镇的成功案例说明充分考虑年轻人需求，为青年搭建平台舞台的重要性。青年需要什么样的空间，当地就塑造适合的场景、环境与课程；青年

有什么样的困难，当地就积极帮忙解决；青年有什么样的物质或精神需求，当地就努力实现……经济效益是吸引青年的前提，无后顾之忧是他们留下的关键，而热爱和理想则是他们扎根于斯、不懈奋斗的源泉。

二是打造最优营商环境，助力青年梦想"孵化"。要想留住人才，激发青创动力，不仅要搭建青年创业"舞台"，更要创造条件，让青年更有为，而优质的营商环境就像是点亮乡村共同富裕和创业的一颗明亮的星星。"新农人"的涌现，已经变成了推动乡村复兴的关键因素。鉴于对浙西小城未来的乐观预期，新一代的企业家们也纷纷参与其中。他们凭借全球化的视角和创新的思维方式，已经成为推动龙游生态工业向前发展的新力量。在这里，有一群年轻人正发挥着生力军作用。随着时间的推移，更多的青年创新力量重新进入县域和乡村，为溪口镇的经济和社会发展带来了强大的推动力。在这里，年轻人是最活跃的群体。在过去的几年中，溪口镇为了更有效地吸引和留住年轻才俊，以及进一步激发他们的活力和潜力，积极地构建了青年发展平台。他们不仅为青年人才提供了一个"蓄水池"，还培养了一批"优等生"。通过这些努力，溪口镇逐渐增强了对青年的接纳能力、吸引力和团结力，从而不断提高青年的归属感、参与度和贡献度，使他们的青春活力成为发展的驱动力。

三是建设青春之乡，实现青年"心有所往"。只有年轻人充满希望，乡村才能迎来光明的未来。"青年留城"是一种理想状态，更是一个时代潮流。为了确保城市里的年轻一代和新加入的市民能够长久地留在这里，溪口需要确保他们真正地"扎根"，并体验到真正的满足感、幸福感和安全感。这无疑可以对青年产生强大吸引力，激发他们的活力与热情，也为城市注入新鲜动力。2023年，许多城市都在不断努力，通过放宽落户条件、增加人才补助等策略吸引更多的人才。然而，在物质生活水平持续上升的当下，仅仅追求"物质上的认同"是不够的，我们还需要进一步追求"价值上的认同"，这样才能使城市居民与年轻人之间的关系变得更加融洽。一方面，鼓励年轻人参与到乡村的发展中，构建他们的理想之地。将青年作为一个整体看待，以他们为中心去思考如何使农村变得更好，让乡村拥有更多活力。溪口镇秉持"年轻人更懂年轻人"的理念，期望通过年轻人群体主导的策划、设计、创造，构建年轻人心中的理想家园。把青年人聚集到一起，形成一个共同愿景，从而凝聚人心，激发热情，推动发展。通过

"放大"年轻人所看重的各种优势,使得乡村展现出与大城市相媲美的吸引力。心与心相连,就有共鸣,在这样一种氛围里,乡村才会成为真正的热土。只有一个能与年轻人产生"共鸣"并激发情感的场所,才有可能吸引更多年轻人停下脚步,激发他们的青春活力。另一方面,青年不仅是青年的引导者,也是激励和赢得青年的力量。龙游8090新时代理论宣讲团从最初的30多名成员壮大到现在的4000多名成员。随着宣讲团队的不断壮大,越来越多的年轻人被理论所吸引,纷纷加入8090新时代理论宣讲的实际操作中,为新时代理论宣讲吹响了新的号角。作为8090新时代理论宣讲活动的诞生地,龙游的8090活动如今如雨后春笋般涌现,使得理论宣讲逐渐成为一种流行趋势。

第三节 未来乡村学院助推山区共富实践

未来乡村学院,是一个为了深入落实未来乡村建设、乡村振兴战略,全面提升乡村生态文明水平,实现农业农村共同富裕而共建的校地合作平台。举办未来乡村学院,有助于迅速汇聚各种资源,包括人才、技术和项目等,并以大规模和系统性的方式进行相关培养,从而产生强烈的聚合效果;同时,未来乡村学院的需求导向将有助于更精准地服务于当地的发展,推动精准扶贫和精准策划共富方案,这对于实现乡村振兴的目标具有非常重要的引导和示范作用。

2020年10月,龙游县人民政府与衢州学院遵循"校地合作、产学共赢"理念,签订共建"浙江未来乡村学院"协议,按照"三个一起、三个地、三个人"的思路,以"留住原乡人,召唤归乡人,吸引新乡人"为目标,创新乡村振兴发展模式,协议期限3年,经费合计600万元。

依托衢州学院干部人才队伍优势,通过党建统领、平台统筹、项目纽带,先后在溪口未来乡村成立"一院五中心六基地",聚焦未来乡村"人""产""创"和"文"四个关键要素,开展"窗口"共创和"高地"共育行动,组建产业联盟、创客联盟、治理联盟,构建"5分钟奋斗公社,15分钟美丽城镇,30分钟龙南一镇三乡"幸福生活圈,把干部人才资源配置在溪口,把科技成果落地在溪口,助力龙游溪口打造"未来乡村先行地、乡愁文化传承地、乡村创客聚集地、集成改革样板区、基层治理示范区"。

2020年至2022年，浙江未来乡村学院已累计设立29个合作专项，组建32个服务团队，累计有12名博士领衔8个合作项目，开展集聚农民技能培训、产业发展技术指导、乡村普惠教育、景观规划设计、中老年人体医融合等服务，累计解决各类问题150余个，教育培训龙南干部群众22000余人次。

一、浙江未来乡村学院建设的主要做法

2020年以来，龙游县人民政府和衢州学院携手共建"浙江未来乡村学院"，经过两年多的建设，教学、住宿等硬件设施已基本完成。未来乡村学院旨在深入推进校地合作，谋划开展未来乡村青创项目，聚焦乡村发展的核心要素"文化与人"，以乡村为广阔舞台，服务入乡返乡创业青年，通过举办常态化的乡村青创沙龙与公益培训，传播乡村创业新政策新理念、分享乡村创业经验、启迪乡村创业新思维，拓展乡村青创人脉，同时也为未来乡村青年创业项目的招募和落地提供渠道，实现多方共赢，助力乡村振兴。主要做法如下。

首先，聚焦"两进两回"，以乡村青创铺设青年回乡入乡创业之路。其一是以青春联合会为依托，建设回乡入乡青年创业社群。校地共建"青春联合会"，统筹出台人才政策，2023年已招引146位青创客，吸引小派科技、电科智胜等7家新经济主体进驻，孵化的"瓷米文创""一盒故乡"等创客企业年销售额共计达6000余万元，成为山区文创标杆和村播直播领军团队。其二是以乡村青创沙龙为载体，为乡村创业青年提供创业指导和经验分享。2023年以来的三期沙龙锚定"乡村运营"这个核心乡创命题，分别从青年乡创困惑难题、乡村文旅开发运营等重点领域切入，共有150余位来自各地的在乡回乡就业创业青年、有意乡村创业的大学生、农创客等参加，平均年龄28岁，均为自主报名，学员参训后高度认可衢州作为2023年度浙江省未来乡村建设运营机制探索的唯一试点所达成的成就。其三是以乡村青年创业大赛为牵引，锻炼创业青年，培育青创业态。2022年以来，溪口镇共通过赛事成功引育4家青年大学生创业公司注册入驻，形成以赛事育青创的有效机制。其四是以教共体为卖点，充分考虑年轻人需求，让人才留得住。针对外来年轻创客，孩子教育往往是最头疼的问题。为打消

青年人的后顾之忧，溪口镇中小学与衢州学院合作成立了教育共同体，小学教师和大学师范生会定期进行交流，以提高溪口和龙南山区义务教育阶段教师的专业素养。与此同时，溪口幼儿园已被纳入学院的附属幼儿园体系中，并组织了学前教育教师团队对幼儿园教师进行专业培训，以提高他们在教育、教学和科研方面的能力。此外，龙南山区的中小学生在家庭教育和心理教育等社区教育方面也被纳入师范生的实习课程中，从而构建了一个高等教育与培训并重、学校与地方教育相互促进的健康循环。

其次，聚焦"扩中提低"，以新型农民培训增进山区居民职业能力提升和职业转型。其一是广泛开展新型农民培训，提高农民新型职业能力。农民是农业生产的主体，也是乡村经济的支柱、乡村建设的重要力量，而新型农民作为新农业的引领者，在促进现代农业建设、实现农业农村现代化过程中发挥着不可替代的作用。2022年以来，未来乡村学院先后开展乡村运营、林下经济、直播电商、数字化农业运营、农特产品牌开发等结合山区职业升级拓展的能力培训12项52期，受益农民5000余人次。其二是通过培训创新农民职业转化机制，形成"大师带导师，导师带工匠，工匠带农民"帮带模式。这样的传帮带模式运行初期便带动了周边20余名工匠、170多户村民参与，村民户均年增收1.8万元左右。其三是依托培训实现高校智力赋能山区农家传承和经验，协力开发提升山区特色品牌产品。近两年，未来乡村学院共开发和提升富硒黄泥笋、溪口笋酱、自发热发糕、吴刚茶等10余款农特产品，从品牌打造、品牌包装、品牌营销等方面有效促进了山区特色农产品开发和品牌提升，延长产业链，提高产品价值。

最后，聚焦"一老一小"，以普惠教育提升山区公共服务的均衡性和可及性。其一是"体医融合"为山区中老年人提供国民体质监测、运动干预指导、科学健身指导等健康提升服务，还专门为老年人开办了科学运动训练班和康养类讲座。自2020年以来共开展活动近百场，参与人次近5000人，项目负责人范冬香老师被当地居民称为"我们的娜妮"；其二是"南孔学堂"为山区孩子提供兼具陪伴功能的假期乐学课堂。南孔学堂创办于2021年，每周六及寒、暑假期间，学堂都会在溪口未来乡村定期开办国学素养等10多门课程，丰富溪口学子的课外生活，让孩子们在自信中成长。截至2023年7月，南孔学堂共开设课程630余次，服务学生达39590人次，入选第六轮"情暖浙江·红十字会志愿服务项目"。其三是"素质课堂"为山区学生提供旨在弭平城乡素质教育差距的拓展培训。每个周末，溪口未来乡村学院里都会开办各种培训课程，截至2023年8月，共开设了健美操、绘画、声乐、器乐、戏曲身段、羽毛球等11门课程，受益中小学生14859人次，被山区居民誉为"家门口的高端培训班"。

二、浙江未来乡村学院发展遇到的突出问题

浙江未来乡村学院聚焦山区乡村振兴过程中的重点难点问题，坚持深化"两进两回"，持续推进"扩中提低"，重点关注"一老一小"，充分考虑乡村各个群体的利益需求，是以高校资源助推地方建设的有益举措。但在学院发展建设过程中，也遇到许多亟待解决的突出问题。

第一，服务衢州市乡村地区高质量发展和共同富裕的能力尚显不足。未来乡村学院肩负着为乡村振兴提供人才支撑和智力支持的重要职责，特别是在当前农村面临"空心化"的趋势下，未来乡村学院被视为集聚人才和智力的重要平台。而从浙江未来乡村学院实际运行看，办学履职还不到位，服务地方的能力尚显不足。一是解决未来乡村"建设易、运营难"难题的能力不足。虽然已将乡村运营作为青创培训和青创大赛的主要内容，但依然缺乏对未来乡村建设有效运营机制的系统性研究，依然未能孵化出成功实现乡村运营长效惠农盈利机制的青创业态，依然未能建构出乡村资源与市场运营衔接的实际有效路径。二是解决青年"归乡入乡易，创业安家难"难题的实践效果不够理想。虽然青创社群、青创沙龙和青创大赛都取得引育乡村青创的一定成效，但对回乡入乡青年就业难、创业难、安家难的根本困境尚没有探索出现实高效的解决方法。三是解决"新型农民职业能力培训易，新型农民职业转型难"难题的探索尚未能有效破题。虽然对集聚农民的新型农民职业能力培训得到当地居民的认可和赞誉，但真正意义上实现新型农民职业转型的案例并不太多，大部分接受过培训并通过考核的学员最终都回归了他们原来所习惯的职业。

第二，发展定位不够清晰，运行结构不够平衡。在未来乡村学院运营过程中，不仅存在能力不足的状况，还存在发展定位不清晰，运行保障不到位等问题。一是功能定位不够清晰。究竟是以向政府和企业提供乡村振兴决策咨询和研

究报告的理论型智库为主,还是作为农民新型职业能力培训基地、乡村青创培训基地和全省未来乡村培训基地的服务型智库为主,目前尚未形成清晰的自我定位。二是平台界定不够明确。究竟是成为诸如浙江生态文明干部学院之类的综合性培训研究机构,还是成为诸如浙江农林大学浙江省乡村振兴研究院之类的新型智库,目前尚未达成明确的平台界定。三是人员构成和资金来源颇为失衡。目前实际参与单位以高校和县(乡镇)职能部门为主,市局部门参与较少,未能达成高站位的共建效应;以高校师生和地方干部为主,未能充分融合地方文化和产业带头人。目前达成的服务和研发经费几乎都是由政府出资,企业、个人或其他社会组织进行直接或间接的赞助较少。四是服务和研究内容不平衡。"短期性研究"多,"战略性研究"少;"一年度服务"多,"跨年度服务"少;"教育类供给"多,"科技类融合"少,总体而言,对乡村地区长期发展需求和科技融合的服务供给不足。

第三,成果管理不够完善。成果管理是管理过程的重要环节,也是成果产出和推广的必要步骤,对高效促进成果产出和转移转化具有重要意义,而在浙江未来乡村学院的发展过程中,就存在结果产出不均衡、评价主体单一、传播渠道狭窄等现实问题。首先,产出的成果呈现出"两端重、中间轻"的哑铃现象。在供应方面,浙江未来乡村学院的课题组经常将争取项目委托视为一项至关重要的任务。而从需求的角度看,地方政府和其他被委托的机构通常只关注学院提供的研究和服务成果,在研究和服务的过程中缺乏一个中期的监督和推动机制,整个流程完全依赖于工作的自觉性。因此,在当前形势下,一些成果难以得到有效推广使用。其次,评估成果的主体显得相对单调。从评价主体的角度来看,通常遵循"谁批准谁负责"的准则,这种方法过分依赖于纵向评价主体,而忽视了包括同行在内的横向评价主体的成果评价,因此无法全面展示浙江未来乡村学院在研究和服务乡村振兴成果方面的实际影响力。最后,成果的传播途径相对较窄。目前,浙江未来乡村学院的研究成果主要通过公众号、研究报告和学术著作等途径进行传播,但这些方式很难对地方政府的政策制定者产生实质性的影响;此外还存在信息发布时间滞后,缺乏针对性、时效性不足等问题。由于新媒体平台的使用率相对较低,这导致浙江未来乡村学院在服务和研究成果方面的话语权较弱,传播范围有限,影响范围也不广泛。

三、关于高质量建设浙江未来乡村学院的对策建议

在高质量建设浙江未来乡村学院的过程中,校地双方应当坚持问题导向,聚焦服务能力不足、发展定位模糊、成果管理不够完善等突出问题,提出行之有效的对策和建议,充分发挥未来乡村学院聚才引资、精准服务等优势,扬长避短,深化溪口未来乡村建设实践。

第一,着力提升浙江未来乡村学院服务衢州四省边际共富示范区建设的综合能力。一是强化对市域省域未来乡村运营的研究、培训和业态培育。由市农业农村局牵头,以浙江未来乡村学院为载体,统合智库力量开展未来乡村有效运营机制的系统性研究,通过精准招引或精准培育孵化一批乡村运营的代表性青创业态,下大力气推进乡村资源与市场运营衔接的实效路径建设。二是大力支持乡村青创成为衢州在省际省内外的标识性共富品牌。由市农业农村局牵头,市委组织部、市委宣传部、市人社、市发改委等部门协同,锚定当下青年就业难回乡难创业难的焦灼点,统合各方资源将浙江未来乡村学院打造成四省边际乡村青创高地,"为青年铺就一条回乡的路",力推乡村青创培训—青创沙龙—青创大赛—青创业态培育一体推进的衢州模式影响力和辐射力走向全国。三是多措并举打造新型农民职业转型奔共富的最佳实践地。由市农业农村局牵头,市人社和市发改委等部门协力,以浙江未来乡村学院为平台依托,一方面由政府为完成新型农民职业能力培训的人员精准对接岗位需求;另一方面构建市域新型农民职业转型就业的数字化跟进体系,以大数据实现供求精准快捷匹对。

第二,着力明确浙江未来乡村学院整体发展定位,优化组织和运行结构。一是明确以四省边际乡村青创培训和孵化基地,全省未来乡村培训和发展研究基地建设为核心的主体功能定位。锚定市委省委领导的嘱托,由市委组织部、市农业农村局、市发改委牵头进一步整合市域乡村青创、新型农民职业能力和未来乡村培训和研究资源,并对接省际省内外相关资源,加快浙江未来乡村学院四省边际乡村青创阵地和浙江省未来乡村培训基地的品牌建设。二是跨校跨市跨省引才引智,构建结构合理的人才体系。由市委组织部牵头,通过特定的人才政策,在浙江未来乡村学院广泛吸纳省内和省际各高校有志于投身乡村振兴一线的专家、学

者和学生；充分融合地方文化传承者、地方产业引领者和创业工作者，将他们纳入未来乡村建设的队伍中来。三是拓宽经费来源渠道，建构半公益式运行机制。由市财政和市人社牵头，明确对浙江未来乡村学院的经费支持，相关部门鼓励和支持浙江未来乡村学院通过服务地方企业发展、青创业态培育、高质量培训研学等有价服务拓展经费来源。四是深挖高校和地方资源，丰富服务和研究内容。由市教育局和衢州学院牵头，在浙江未来乡村学院进一步做好当前评价和认可度较高的服务之外，丰富乡村社区关怀、科技特派员、博士创新站、新兴业态培育等服务供给，全方位助力山区共富。

第三，着力完善服务成果和研究成果管理。一是强化规范建设和过程管理，完善成果产出机制。由市农业农村局统筹，推进浙江未来乡村学院锚定高质量的服务和研究成果，制定和施行高标准的服务和研究规范，从委托项目签约阶段到最后的成果提交阶段都进行严格的规范和督查。二是注重实际应用效果，完善综合定性和定量的成果评价机制。由市农业农村局统筹，制定浙江未来乡村学院成果评价机制，在关注具体服务的项数和人次等量化指标外，还要关注其非量化指标，如该研究对解决山区共富某些具体问题的指导作用有多大等一系列指标。三是做好"两个结合"，完善服务和研究成果的有效传播机制。由市委宣传部牵头，支持和保障浙江未来乡村学院深化"两个结合"，一是传统传播渠道与新媒体传播渠道相结合，尤须加强成果传播的网络化与信息化；二是成果汇报与学术研讨相结合，通过专报和开学术研讨会的形式向社科理论界展示成果，做到行政和学术两个系统"双向发声"。

第四节　校地合作推进山区教育共富

校地合作是地方通过与高等院校合作，实现资源共享、优势互补，提高整体实力和竞争力，促进地方经济和社会进步的双赢举措。对于地方而言，校地合作可以增加地方人才资源，促进地方经济发展，汇集高等教育资源解决地方发展中遇到的诸多问题，为其提供理论支撑、智库支撑、人力支撑；而对于校方而言，尤其是地方院校，校地合作既能够履行自身服务社会的义务和责任，又可以提升高校教学质量及在区域中的地位，转变人才培养方式，打造院校特色。

百年大计，育人为本。对于乡村来说，教育既承载着传播知识、塑造文明乡风的功能，更是为乡村建设提供了人才支撑，在乡村振兴中有不可替代的基础性作用。共同富裕是社会主义的本质要求，是中国式现代化的重要特征。教育在肇始缘起中的经世致用底色、在发展嬗变中的富民强国取向、在脱贫攻坚中的拔断穷根价值等，均彰显了其在共同富裕进程中突出的经济价值和民生属性。作为共同富裕的基本单元，未来乡村的建设既要建好房子，更要丰富脑子。

《浙江教育现代化2035行动纲要》和《浙江省教育事业发展"十四五"规划》两大重要文件均提出要高水平实现教育现代化。而如何在广大相对欠发达山区导入优质教育资源，破解城乡教育资源不均现状，撬动山区人才回归、产业升级、文化振兴，实现物质和精神"双共富"，则成为亟须解决的重要问题。在此过程中，高校作为人才、资源最集中的场所，应充分发挥人才和资源优势，承担破局者角色，主动担当作为，把服务乡村振兴作为服务地方经济社会的重要职责。

2022年以来，龙游县和衢州学院基于校地战略合作，探索形成龙南山区教育共富模式，取得了良好成效。通过校地共建平台，围绕教育普惠、文化挖掘、人才招引、实践拓展四大重点工作，共创共育乡村特色产业、人才培养"高地"。以高校优势学科和科教资源与溪口产业发展为契机，加速汇聚人才合力、创新要素，推进校地合作共赢。与衢州学院共同组织开展国学小课程、勤勤趣味课堂、教育实践活动等，教育培训当地居民达2000余人次，解决项目建设、人才短缺等问题80余个。

一、溪口推进山区校地合作的必要性

无论对溪口镇，抑或是衢州学院，校地合作都是双赢之举，也是破解双方发展瓶颈的必由之路。龙南山区未来乡村建设过程中遇到经济长效发展动力不足、服务有效供给能力不足、人力资源不足等难题，必须通过校地合作，发挥高校的人力优势和智力优势加以破解。而衢州学院作为地方特色的应用型高等学府，若是不能扎根地方、服务地方，势必出现办学方向不清、办学动力不足、办学活力不够,以及与社会需求脱节等不良状况。

(一)对溪口镇而言

溪口镇作为龙南山区的典型代表,也面临着龙南山区的共有困境。龙游县南部山区具备小聚落、多元分散的城乡交织空间结构,农村基础设施不足和人口外流因素叠加,导致规模性聚集的"城市化"区域难以形成,区域内集镇和乡村发展动能不足。因此,破解溪口镇发展难题的核心在于人才培育,提高山区资源配置和利用效率,而这正是高校的优势所在。

其一,山区经济长效发展难要求以校地合作推进山区共富。两山转换通道尚未拓宽,导致经济长效发展难。除少数区位优势明显或旅游禀赋突出的乡村外,多数山区尚未找到行之有效并且长期有效的"绿水青山就是金山银山"的转换通道。如何将山区的生态环境优势、特色文化优势转换为旅游优势和流量优势、转换为对人才的吸引力、转换为经济增长点,是强化山区"自我造血"功能、加快实现高质量发展的关键。而校地合作发挥商学院、美丽经济学院等的专业优势,为乡村因地制宜打造经营方案,破解经济发展难题。

其二,山区服务有效供给难要求以校地合作推进山区共富。随着城市化的不断推进,越来越多的人从乡村进入城市工作生活,加剧了乡村"地广人稀"的局面,给政府公共投入带来很大困难。在财力有限的情况下,出于资金使用效益最大化的考虑,乡村的政务服务和公共服务配套相对较少,难以有效覆盖分布在广大山区的所有群众。校地合作将数字化、信息化等智能手段引入乡村,哪怕距离再远,也可以通过数字化手段紧密相连、提供服务,节约人力,提升效率。

其三,山区人力资源留住难要求以校地合作推进山区共富。乡村不仅存在劳动力流失的"空心"困境,而且还存在人才匮乏,特别是高素质人才匮乏的"秃顶"困境,这种缺乏已经影响了农村现代化及经济的发展。乡村振兴战略的实施需要大量的理论型人才和应用型技术人才,高校和地方政府开展合作可以充分发挥双方优势。地方政府拥有丰富的社会资源和人才资源,而高校拥有丰富的专业知识和技术技能。通过校地合作培养乡村振兴人才可以充分发挥双方优势,为当地经济发展提供人才支撑。

（二）对衢州学院而言

校地合作共建是学校教育发展的必经之路。作为衢州市唯一一所本科院校，衢州学院以建设高水平特色鲜明的应用型大学为定位，坚持"生在衢州，长在衢州，为在衢州"①的发展举措，积极开展融入地方行动。对衢州学院而言，要想加快自身转型速度、提升区域地位，也必须加强与地方的血肉联系，成为血脉相连的共同体，荣辱与共的一家人。

其一，校地合作是地方大学应用型转型发展的要求。如今，教育竞争日益激烈，地方高校在教育改革进一步深化的大背景下，应当积极构建与地方政府合作的桥梁，以寻找新的发展机会并强化其办学特色。对于教育机构的主体来说，与地方单位的合作不仅有助于履行其为社会提供服务的职责和义务，还能增强其办学能力，并能明确且适时地调整其办学策略，同时也有助于进一步深化其内部建设。对于地方高校来说，与地方进行深度合作也具有重要意义。地方大学在进行应用型转型发展时，需要充分发挥其地方特色。通过与地方政府的紧密合作，地方大学能够焕发新的活力。这种地方特色不仅使得各地区的大学具有不同的特色，还展示出多元化的发展趋势。因此，地方大学在应用型转型发展中需要重点关注人才培养的转型，这也是应用型人才培养转型发展的核心焦点。通过校地合作培养学生应用能力，不仅有助于学校适应区域经济需求，也能促进企业提高竞争力，同时为高校开展产学研结合提供了平台。通过学校与地方的合作，可以改变人才的培养策略，而通过学校与企业的合作以及学校与产业的协同培养，可以在生产实习、课程教授等方面实现人才培养的转型；以学科为纽带形成产学研一体化办学模式，有利于提升地方大学应用型人才水平。地方大学在进行应用型转型发展时，必须与当地的经济和社会发展保持紧密的联系。通过与地方政府的合作，地方大学可以参与到地方产业的转型和升级中，确保在学科建设、科研项目和专业建设等各个方面都与地方产业保持紧密的联系，从而使地方大学的转型与地方产业的升级能够相互适应。

其二，地方大学通过校地合作实现转型发展进而提升其区域地位。地方大学

---

① 衢州学院.政策进校园鼓励学生留衢就业 衢州市第二届"大学生留衢回衢就业促进月"在我校开幕 [EB/OL].（2022-06-02）[2023-09-18]. https://xsc.qzc.edu.cn/2022/0711/c371a64032/page.htm.

的角色已从传统的人才培养、科研、社会服务和文化传承创新转变为区域经济和社会发展的推动力，这将极大地提升地方大学在区域内的影响力和地位。同时，随着高等教育大众化向普及化转变，地方大学面临着新的挑战和机遇。随着区域地位的上升，地方大学在获取资源的能力和在社会事务中的话语权上都得到了加强，这将助力地方大学更好地支持其教学和科研等核心任务。地方大学作为区域经济建设中重要的人才基地与知识创新源，其职能的发挥也必将受到更大范围内地区之间竞争环境变化的影响。地方大学已经崭露头角，成为推动区域创新发展的核心，这不仅能增强区域内的创新实力，还能促使国家和政府更加关注地方大学的成长，并因此增加对其的资金支持。因此，地方大学必须要有一个全新的定位与规划，以适应经济全球化趋势，并为实现"两个一百年"奋斗目标做出自己应有的贡献。地方大学要想持续发展，政府的大力扶持是不可或缺的。如果政府在创新领域给予足够的关注和资金支持，那么地方大学将会焕发出新的活力。

校地合作是校地共赢发展的新模式，可以使高校和地方的建设协同发展，促进学生适应社会，既能促进高校持续稳定发展，也能促进地方经济建设，无论从任何一方来说，校地合作都是助推共同发展、实现共同富裕的必要之举。

二、基于校地合作推进教育共富的经验做法

走在溪口未来乡村，衢州学院的印记随处可见：手绘版《龙游溪口未来乡村导览图》为溪口打造一条精品文旅步行路线；"笋宝竹宝"IP形象、特色农产品包装、社区窨井盖彩绘等将溪口的特色生动展现；《龙南历史人文资源调查汇编》《黄铁矿口述史》等成为溪口宝贵的文化财富……在基于校地合作推进教育共富的过程中，涌现出许多值得借鉴的经验与智慧。

第一，"三全机制"助力构建山区教育普惠新格局。溪口始终将教育普惠性摆在首位，不断优化龙南山区教育资源供给。一是全课程融入，实现山区教育一站式服务。统合校地资源，充分利用本地高校的区位和通勤优势，打造龙南山区普惠教育综合体（浙江未来乡村学院），实现高校课程整体一站式下沉，开设科技、声乐、绘画、儒学等18类各式课程，建构起"按需约课、即日送达，需求不断、服务不停"的教学互动机制，探索出"开门揖道，时时可学"的志愿者

入驻模式。2023年以来，共组织高校师生3200余人次前往龙南开展"教学送乡"活动300余场次。二是全师资下沉，实现山区教育全年龄优享。校地双方锚定龙南山区各年龄段各群体的不同教育需求，对接高校师资制定体系化课程，为不同人群提供全生命周期精准化教学服务。自项目实施以来，对接学前教育师资27人次，受益幼儿1236人次；对接素质拓展课程师资597人次，受益中小学生达14859人次；对接体医融合师资84人次，共开展运动干预67场，受益中老年居民2030人次；对接通识课程师资36人次，开展大众讲座30场次，受益家长和居民1058人次。三是全方位融合，实现山区教育根本性提升。校地双方坚持"授之以鱼更要授之以渔"的理念，将师范教育资源作为教育普惠的重点，通过师范教育带动本地中小学教育和学前教育实现根本性提升。衢州学院与龙南山区中小学共同组建教共体，将龙南山区幼儿园整体纳入本地高校附属幼儿园体系，是以共建共享为理念进行的一次普惠性教育质量提升合作，以创建溪口幼共体为目标，抓好一园二基地建设，实施学前教育质量提升工程，协同培养学前教育师资，打响"龙有优学"品牌。同时将山区家庭教育（家长教育）、心理教育等社区教育环节作为师范生实习实训的主体内容，实现山区教育本质升级。

第二，"三赋通道"助力人才引领山区高质量发展。将职业教育作为教育共富的支点，实现"教育促就业、就业促共富"的良性循环。一是培训赋力山区居民能力提升。为常态长效提升龙南山区居民的社会职业能力和再就业能力，满足龙南山区村民发展的个性化需求，校地双方对接组织开展专题培训30余期，包括乡村青创培训、两专干部培训、农村职业经理人培训、农村电子商务培训、SYB创业培训、农民信息员培训、家庭农场主能力提升培训、网格员培训、集聚农民特色小吃培训等主题，累计有效培训人数达2800余人次。二是青春赋魂山区创新创业新潮。校地双方高度重视新时代青年"上山下乡"双引双创工作，已对接引进学院毕业生创业团队3个，正在洽谈衔接6个，相关项目获得浙江省首届师范类大学生教育创新创业大赛金奖。积极以赛引才，校地双方合作参加浙江省乡村振兴创意大赛、浙江省大学生电子商务大赛，共同举办"溪口杯"乡村未来社区创新创业大赛、"一盒故乡杯"溪口乡村未来社区直播大赛等创业赛事，吸引龙南创业团队64个、创业青年300余人，掀起山区创新创业新潮。三是科技赋能山区产业提质增效。校地双方利用高校科技研发力量，结合山区农业、竹笋产业、旅游产业等特点，合作建立数字农业经济博士创新站，推进富硒笋竹农业种植技术提升、竹材料研发、竹编工艺产品3D展示仿真建模、农文旅规划等科技助农项目，提升产业附加值，将地方高校教育的产业共富效能对接落地。

第三，"三文体系"助力打造新时代山区文化高地。坚持以文化人，按照"挖掘保护—研究传承—活化利用"的文化体系，为山区文化发展提供教育和研究支撑。一是口述研究深化山区文化挖掘保护。衢州学院组织文化研究团队深入开展龙南山区乡村文化和记忆挖掘，其中"黄铁矿口述史研究"团队通过对退休职工和家属的走访、座谈，进一步挖掘和保护当地黄铁矿区域的发展历史，完成超500分钟的影像资料采集和《龙游黄铁矿口述历史》专著1部。二是人文梳理增进山区文化存续传承。在学院文化研究团队的协助下，龙游县积极开展《溪口镇志》编撰、龙南历史人文研究、龙南十大历史文化名人提炼等文化传承工作。2023年完成出版专著《龙南历史人文研究》，《溪口镇志》已完成10万字初稿，计划于2025年正式出版。三是文创设计助推山区文化活化发扬。衢州学院组织文创团队，先后制定乡村文创产业方案《竹涧溪行——龙游溪口村乡愁文旅之路再设计》和《竹溪故里——龙游溪口古味品牌化设计与推广》，完成龙游溪口未来乡村导视图、溪口IP"笋宝竹宝"、100多套当地特色农产品文化品牌设计，美化窨井盖231处，文化节点风貌改造240余幅，有效推进文化活化和文化产业化进程。

三、进一步深化校地合作推进山区教育共富的对策建议

近年来，龙游县人民政府与衢州学院在推进山区教育共富方面做了大量探索，形成了宝贵的实践经验，并于2022年10月成功入选省教育厅2022年教育助力乡村振兴典型案例。下一步，建议在三方面做深化迭代，进一步深化校地合作打造教育现代化全省样板，让群众能够更加充分地享受教育共富成果。

第一，深度构建镇域—县域—市域—省域四维协同的教育共富体系。一是构建"山海协作"教育帮扶共同体。龙游县教育局与省内发达县区教育局签订山海协作合作协议，建立教育局、学校、教师三层次常态化教育交流机制，围绕区

| 浙江省未来乡村建设的探索与实践 |

域教育改革、教育教学管理、校园文化建设、办学水平提升等重点，打造多层次、宽领域的山海协作协同发展格局。选派骨干教师到发达县区学校交流培训、挂职锻炼，开展"浸入式"学习，加强教育理念的融合和借鉴。二是推进"城乡互助"教育合作与交流。除了本地高校衢州学院的优秀师生资源，还要积极争取衢州市区各层级学校的优秀教师来学校支教，将新的教育教学理念带进山区，依托"名师大篷车""送教下乡""党员送教"等活动，提升山区教师的业务能力。与衢州市区学校组成"结对帮扶"小组，争取在基础设施建设、学校管理、教学常规、校本研修等方面进行对口帮扶。三是实现"县乡一体"全域教共体办学。注重发挥龙游县城区优质学校的引领辐射作用，建立集团化办学机制，形成"一个集团、多个校区、融合发展"的办学模式，探索构建县乡一体化的现代学校管理体系，以强校带弱校，推动总校与分校管理融合、教师互派、文化统一、教学同步、学科共研。

第二，加快建设覆盖山区全域-全员-全年龄段的数智教育系统。一是平台服务提档，铺好同步"路基"。构建全域数智教育平台体系，努力提供惠及全民、覆盖山区全域的"同步课堂"个性化在线教育公共服务。基于"同步课堂"成立新型数智学习空间，形成集会议、教学、教研等功能为一体的数智教育服务站，实现教与学的"零距离"互动，优化教师间、师生间、生生之间互通效能。聘请各学段学科名师专家组建"新型数智学习空间"研究和"同步课堂"应用网络研修共同体，建立完善的活动、组织和考核机制，联动提升教育教学服务质量。二是数智空间提质，实现文化碰撞。构建全向互动、对话研讨、交流反思的教育共同体实践探索，通过数智学习空间将开学第一课、教学观摩研讨、名师导读、主导性课题研讨论坛等优质活动互融延伸到山区教学点，将山区教学点的特色课程共享至城区学校，文化碰撞中实现两地深度融合和创新发展。三是智能分析提效，融通对话"枢纽"。着力教育领域数字化改革成效，延伸数字化赋能辐射体系，实现空间内两地师生广泛参与、深度交流和持续研讨。建立课堂观察系统，实现课堂实况无感收集，教师行为智能分析，智库专家精准指导，提升教师专业化发展速度。突出问题导向，完善在线评价系统，在精准发现和诊断问题的基础上进一步优化并提升教师课堂教学水平。通过数字智能分析，实现两地教育内生式可持续发展。

第三，积极完善以校地合作推进引才引智工作的常态长效机制。一是加强产学研合作。与高校共建地方研究院，共同培养和引进高素质人才，在项目研究、成果转化、人才培养等方面形成紧密合作，共同推动乡镇创新驱动发展。通过开展合作项目、联合创新中心等方式，推动科技成果转化为实际生产力，满足社会经济发展对人才的需求，实现产业与人才的有效对接。二是加强双向人才流动。建立校地合作的引才引智联盟，形成政府、高校、企业等多方参与的合作机制，共同制定引才引智政策和规划，吸引青年创客和高校毕业生等人才到乡镇工作。同时，建立乡镇人才库，向高校提供创新创业、非遗技能等校外实践指导老师，实现知识和经验的共享，培养具有实践能力和创新精神的复合型人才。通过建立双向的人才流动渠道，校地人才相互借鉴和学习，实现人才的互通共享。三是建立联合创新平台。通过共同投资和打造实验室、孵化器、创客空间等创新载体，提供创新创业的场所和资源支持，吸引更多的创新创业人才来到乡镇，推动乡镇经济的转型升级。开展技术交流和展示活动，吸引更多企业和资本参与到乡镇的创新创业中来，形成技术创新与产业发展的良性循环。

第五节 "一镇带三乡"模式推进山区共富

"一镇带三乡"是浙江省衢州市龙游县根据县内地域特点、城乡结构、发展困境所规划出的独特山区共富模式。《中华人民共和国国民经济和社会发展第十四个五年规划和2035年远景目标纲要》提出，支持浙江高质量发展建设共同富裕示范区。时任浙江省委书记袁家军在共同富裕专题会上强调，要"迅速形成全省总动员、人人齐参与、全面抓落实的浓厚氛围，凝聚起全社会共同奋斗推动共同富裕的强大力量"。在此背景下，龙游县认真贯彻党中央决策部署和省委主要领导讲话精神，打破行政区划界线，统筹谋划产业发展，着力发展区域共富联盟，在溪口镇、庙下乡、大街乡、沐尘乡等龙游南部四个乡镇开展"一镇带三乡"山区共富实验，加快打造共同富裕现代化基本单元，取得显著成效。

作为浙江省首批未来乡村建设试点、衢州市首批联合国可持续社区标准化试点，溪口未来乡村规划总面积89.93公顷、实施单元总面积48.29公顷，立足溪口镇"一镇带三乡"的区位优势，以"溪口公社、快乐老家"为主题，按照"创建一个社区、集聚一批人才、培育一个产业、带动一地发展"的思路，打造未来乡村先行地、乡愁文化传承地、打造乡村双创集聚地、集成改革样板区、基层治理示范区。聚焦聚力"创客回归、山区共富"新模式，率先制定未来乡村双招双引新政策，打造"政府+企业+居民+旅客"共享新空间，组建党建联盟统领下的"创客联盟、专家联盟、青春联盟、网红联盟"新团队，构建全民化、全链条的新治理，首个开启零碳、共享、智慧、健康等未来生活实验，集聚"一镇三乡"人口达2700人，入驻乡村创客达46人，每年参加学习、创业、实践的师生达3500余人，年游客接待量达35万人次，村集体收入超过100万元，一盒故乡电商平台年销售额超过1200万元，助农销售农特产品20余万件，平均农户增收1~2万元，一个兼具创新产业和原乡情怀的居业协同性社区成效初显。

2021年，溪口镇成功入选浙江省农业农村领域高质量发展建设共同富裕示范区首批试点、浙江省第二批千年古镇复兴试点，开启共同富裕新征程。

一、龙南山区共富实验的主要做法

龙游县共富实验的主要做法可以归纳为：构建完善山区共富四大指标体系，做强区域核心，打造"三个共同体"，实现"一镇三乡"协同发展。

（一）坚持问题导向，构建"四大指标体系"

龙游县从山区群众需求出发，以问题为导向，积极构建完善山区共富实验的"四大体系"。

第一，加强组织领导，建立健全工作体系。一是建立龙南片区"一镇三乡"党委定期联席会议机制，明确由1名县领导直接挂联统筹，对片区内的党建工作、发展规划、重大事项进行共商共建，形成工作导图。二是建立片区内重点工作合力攻坚机制，根据项目需求实行专班化运作，成立临时攻坚指挥部，统一调度片区内党员干部力量，实现集中力量办大事。三是组建龙南党建联盟，依托联盟整合片区内党建优势资源，切实把基层党组织做优做强，广泛发动基层党员力量，形成攻坚合力。

第二，加强目标引领，建立健全指标体系。一是明确总体目标和短期目标，长期目标是把龙南片区打造成全市乃至全省有影响力的党建统领先锋区、"两山"通道转化实践区、全域旅游示范县核心区、"四治"融合示范区、便民服务"一个政府"先行区、新型农民集聚样板区，在此基础上提出两个月内的短期目标以及四个乡镇各自的工作目标。二是明确任务总清单和近期工作清单，在党建、产业、旅游、治理、服务、城乡融合等6大领域提出共20项具体任务，明确牵头单位、配合单位、完成期限等，根据工作需要提出9项近期重点工作，实行全程跟踪管理。三是加强指标量化管理，按照"定性目标定量化"的原则，形成以经济指标（如GDP、财政收入、村集体年经营收入、青壮年劳动力占比等）、民生指标（如农民人均可支配收入、低收入人群收入涨幅、最低生活保障等）、绿色指标（如水质、空气质量、生活垃圾分类和利用率等）、治理指标（如党员人数、志愿者人数、矛盾纠纷就地处置化解率等）、服务指标（如政务服务下沉比例、无差别受理事项数量）、文明指标（如文化礼堂覆盖面、文体活动频次等）等为核心的定量指标体系。

第三，加强资源供给，建立健全政策体系。一是制定出台《关于高质量推进龙南片区"一镇带三乡"区域协同发展的实施意见》，加强县级对龙南山区共富实验的统筹指导，并在此基础上出台一系列扶持政策。二是在编制县级"十四五"总体规划和国土空间、产业发展等各专项规划时，突出龙南片区一体化导向，加强系统性、前瞻性和科学性，将"促进龙南'一镇带三乡'区域协同发展"写进县级"十四五"规划，制定出台《龙南旅游发展规划》等一系列专项规划。三是各部门结合共富实验任务从人、财、物等资源要素上向龙南片区倾斜，组织部门加强专班人员力量配置，执法力量加速下沉，财政部门加大经费保障。

第四，加强监督考核，建立健全评价体系。一是完善考核机制，将片区部分考核指标进行捆绑，实行片区联动考核，开展"一镇三乡"互评互考，加强横向协同，落实县乡"双向考评"，尤其重视乡镇对部门的反向考评，倒逼各责任单位全力支持龙南片区共富实验，加强上下联动。二是完善督查机制，由县委组织部、督考办加强督促检查，每个月定期开展实地督查，对责任不落实、组织不得力、工作不见效的现象进行严肃问责追责，对连续两次出现问题的单位，由县委领导进行约谈，强化压力传导。三是深挖典型案例和典型事迹，及时挖掘共富实验中涌现出的好做法，在县级层面予以推广，对共富实验中表现突出的党员干部进行荣誉表彰，在干部提拔方面予以倾斜，不断激发党员干部干事创业活力。

（二）做强区域核心，打造"三个共同体"

龙游县从龙南山区现实发展的实际限度出发，强化县域副中心的龙头带动效应，推进一镇三乡资源要素一体化整合发展，打造三大共同体增进龙南山区在物质和精神两个层面协同共富。

第一，打造"一镇三乡"治理共同体，以共治促共富。一是整合执法"一支队伍"。以龙南联动治理中心为载体，整合综合执法、市场监管、规划资源、林水、文旅、环保等力量，全面梳理片区联动执法事项清单，实现一支队伍管执法。二是推进应急"一体联动"。建立健全龙南应急救援联动机制，统筹龙南专职消防队、山野消防救援队等消防救援力量，实现应急救援设备共用、物资共筹、险情共排、家园共护，2023年，消防队共联合出动救火43次。三是做强矛调"一个联盟"。建设龙南"舒心驿站"矛调品牌，吸纳片区社会组织、行业协会、律师乡贤，组建覆盖龙南片区的矛盾纠纷调解联盟，建立"固定+巡回"矛调服务机制，强化龙南片区的纠纷、事件协作协调，充分发挥1+1>2的作用。2021年，共受理矛盾纠纷372起（包括跨乡镇调解案件24起），调解成功368起，调解成功率98.92%；四是完善智治"一个系统"。依托"龙游通+全民网格"模式，不断打通、融合四个乡镇的治理事项，创新"信用+治理"，借助数字化手段，建立覆盖4个乡镇的家庭和个人信用体系，将其引入网格治理，形成"信用+社会治理"特色模式。

第二，打造"一镇三乡"产业共同体，以共产促共富。一是在人才引育留用上"抱团发展"。重点培育龙南创客联盟，按照"留住原乡人、召唤归乡人、吸引新乡人"的思路，依托创客联盟实行人才招引"一个口子"，招引成功后统筹安排具体合作落地的乡镇，形成"一镇三乡"人才共招共育体系。截至2023年年底，创客联盟已经吸引了一盒故乡创始人姜鹏、瓷米吴素芬、怀锦文化杜晓霞、听涧楼敏、衢州学院勤勤教育等8家创客入驻，为龙南产业发展注入了新鲜血液。二是在全域文旅融合上"抱团发展"。充分发挥龙南片区"一镇三乡"地理毗邻、文化同源的优势，深挖独具特色的龙南文化，深化文化活化传承，探索文旅融合、区域错位发展机制，2023年已推出龙南游线5条。联合申报省、市职工疗休养基地，从2022年以来，共接待疗休养、工会、培训等100多批次。整合龙南"一镇三乡"市场主体，建设龙南旅游集散服务中心，开发龙南"云上旅游"服务平台，整合区域旅游、交通、民宿、美食等资源，实现旅游配套一体化管理。三是在区域特色产业上"抱团发展"。以每个乡镇的乡村振兴综合体为载体，以国资公司牵头、村集体参股组建"两山"公司，聚焦竹产业一二三产融合发展，加强区域内竹林资源统管、统购、统销，改变"单打独斗"的生产经营模式。成立龙南"匠心竹艺"协会，吸纳龙南片区闲散劳动力，培育一批竹制品手工艺人。深入实施"村播计划"，依托"电商+竹乡"，打造竹居生活O2O体验馆，打响龙南片区竹工艺品牌。

第三，打造"一镇三乡"民生共同体，以共富促共享。一是便民服务跨乡镇无差别受理。持续深化综合便民服务能力，在区域核心区溪口镇乡村未来社区内设立无差别政府服务中心和24小时便民服务中心，统一受理4个乡镇村民事项。落实赋权下沉清单，全面梳理龙南片区协同办理事项清单，实现70%民生事项在乡镇便民服务中心可办，并将大众、高频服务事项向便民服务代办点延伸，龙南片区村民可在区域内实现无行政边界、无属地权限就近办理。2023年中心受理的"一镇三乡"常办业务中税务开票958件、医保报销753件、生育登记97件，其中非溪口本镇业务占比分别为：59.7%、43.6%、30.9%。二是教育下乡跨乡镇无差别服务。与衢州学院共同建设乡村未来社区学院，吸引更多高等院校入驻，创新组建龙南校地联盟。由衢州学院统筹教学资源，将匹配度高的课程、实习、实训和实践活动等实施于龙南教学基地，2022年，共帮助龙南山区居民受益普惠教育16800余人次，接受职业能力培训3600余人次，开展龙南文化挖掘活化项目10余项，实现山区风貌提升设计50余处，吸引龙南创业团队22个、创业青年110余人，培育毕业生扎根山区创业团队3个，并成功助力溪口未来乡村入选全省首批共同富裕现代化基本单元。[①] 三是全民健康跨乡镇无差别普惠。推进溪口卫生院智慧升级，扩大卫生院规模，与龙游县中医院建立医疗共同

---

① 浙江省教育厅．衢州学院：以"三全三赋三文"模式探索龙南山区共富新路径[EB/OL]．(2022-11-11)[2023-05-06]．https://jyt.zj.gov.cn/art/2022/11/11/art_1543974_58938702.html.

体，在医疗技术、专家团队、仪器设备和信息化平台建设方面加强合作，全面服务"一镇三乡"村民。开展辖区内20~69周岁公民身体运动功能评估、国民体质监测等工作，对辖区内70岁以上老人提供免费体检，摸清"健康底数"。由4个乡镇政府、镇内卫生医疗机构和第三方共同组织开展健康讲座，联合举办民间赛事，激发群众参与热情，提升村民健康意识。

二、龙南山区共富实验的相关启示

龙游县以溪口镇为核心，推进"一镇带三乡"山区共富实验，总体来讲成效明显，具有一定的借鉴意义，也给全省共同富裕示范区建设提供了三方面启示。

一是龙游县"一镇带三乡"山区共富实验是"精准共富"的一次有益尝试。2013年，习近平总书记首次提出"精准扶贫"理念，并在之后的脱贫攻坚实践中不断深化完善理论体系，为2020年打赢脱贫攻坚战提供了有力支撑。扶贫"贵在精准，重在精准，成败之举在于精准"，精准扶贫提出六方面"精准"：扶贫对象精准、项目安排精准、资金使用精准、措施到户精准、因村派人精准、脱贫成效精准，对应到共富也是如此。比如，在共富对象上，率先聚焦与溪口镇毗邻的龙南三乡村民开展共富实验，有利于资源共享、优势互补；在项目安排上，重点安排落地独具当地特色的乡愁产业、文旅产业、竹产业，充分发挥区域既有优势；在资金使用上，重点把资金投入到乡村基础设施改善和民生服务提升上；在措施到户上，在帮助就业、健康检测等方面做到精准到人、因人施策；在因村派人上，通过与应用型的本地大学衢州学院合作，了解当地情况，又能提供偏应用的实际服务，为共富提供了智力外脑；在共富成效上，通过山区共富实验，4个乡镇的游客接待量突破了200万人次，年乡村旅游收入突破了1.65亿元，村民的可支配收入有了明显提升。因此，在迈向共同富裕的新征程中，有必要总结既有"精准脱贫"经验，结合龙游等地实践，探索"精准共富"的概念内涵和可行举措，为我省开启高水平全面建设社会主义现代化国家新征程提供路径支撑。

二是山区共富需要率先集聚有限优势资源做强区域龙头。在山区共富实验中，我们发现山区存在既有先天资源匮乏、后天公共投入不足两大难题。与城市相比，乡村地区往往"绿水青山"资源丰富，但是能够转化为"金山银山"的资源禀赋欠缺。加之随着城市化不断推进，越来越多的乡村人选择"逃离"乡村，造成乡村"地广人稀"的局面，也给政府公共投入带来很大困难。在政府财力有限的情况下，为了达到资金使用成效的最大化，政府只能将更多公共资金投入到人口更多的城市地区，这种"效益最大化"的思维无可厚非，而且具有经济学上的合理性，但确实间接导致山区在共富进程中落后了。乡村振兴战略提出以来，国家大力支持乡村发展，在资源和资金导入上对乡村进行了大幅倾斜，但是地方在资金使用上往往采取"撒胡椒粉"的方式，资金和资源分散投入，缺乏集聚效应，成效不明显。龙游县"一镇带三乡"的策略核心是强化"带动"镇的领导作用。通过创建溪口乡村的未来社区，可以促进公共资源在特定区域的集中，这不仅产生了引导作用，吸引了社会和高等教育资源的流入，还使得溪口的县级副中心功能得到了进一步的完善。这为周边的三乡居民在离家不远的地方寻找工作、享受更优质的公共服务提供了便利，并进一步放大了其辐射效应。一旦溪口变得更加强大，它将有更大的能力整合龙南地区的自然资源、旅游资源、空间资源和配套资源，从而推动龙南片区的共同发展和共同富裕。同时，随着高等教育大众化阶段向普及化转变，地方大学面临着新的挑战和机遇。根据龙游山区共富实验的实践经验，面对山区资源的有限性，必须避免"撒胡椒粉"倾向，优先利用有限的优势资源来强化区域的领导地位，并最大化地利用这些资源的支撑作用。

三是共同体模式是推进山区共富的有效路径。2003年，时任浙江省委书记的习近平作出了"八八战略"决策部署，其中提出要"进一步发挥浙江的山海资源优势，大力发展海洋经济，推动欠发达地区跨越式发展，努力使海洋经济和欠发达地区的发展成为浙江经济新的增长点"，并创新"山海协作"体制机制，为推进浙江省共同富裕打下了坚实基础。可以说，"山海协作工程"就是共同体模式推进山区共富的最好范本。龙游县"一镇带三乡"也是共同体模式的另一种形态的实践。山海协作的共同体模式更多是经济领域的协同共富，山区相邻地区的"抱团发展"则可以利用既有地理人文接近的优势，横贯治理、产业、民生等多方面，把共富的逻辑链拉得更长更完整。治理是发展的基础，是共富的前端，产业是发展的核心，是共富的中端，民生是发展的落脚点，是共富的末端。龙游县通过一镇三乡建立产业共同体、治理共同体、民生共同体，打通资源流动、区域治理的行政边界，4个乡镇形成了共治共产共富共享的命运共同体。在共富实验中，通过共同体模式，一些治理领域的体制机制梗阻得到打通，许多传统的治理难题，如跨区执法、联合救灾等得到有效解决；一些经济产业领域的资源要素流动性得到加强，许多偏远乡村得以与市场、资金、人才对接，逐渐打通"绿水青山"到"金山银山"的转化通道；一些民生服务的覆盖面得以扩大，真正将共同富裕的落脚点落到了百姓需求上。因此，在推进共同富裕的过程中，应持续深化"山海协作工程"，并借鉴龙游等地共同体模式经验，创新多种共同体形式，奏好共富"协作曲"。

三、进一步深化"一镇带三乡"山区共富模式的对策建议

首先，进一步做强区域核心，加快推进溪口"乡村未来社区"建设。一是加快推进共同富裕现代化基本单元建设，将溪口未来乡村建设成育儿友好型、老年友好型、教育普惠型、数字智能型、开放多元型、低碳循环型新社区，并进而推进一镇三乡多类型现代化基本单元建设；二是加快推进溪口作为县域副中心城镇建设，大力加强溪口在交通、教育、医疗、文化等方面的配套设施建设，推进优势配套集聚，使溪口成为龙南山区在地城镇化中心和区域服务输出汇聚中心；三是加快推进溪口两进两归双招双引地建设，以黄泥山创客平台、溪口老街文旅平台为载体，延伸文旅与现代服务业，打造创业助手一站式服务中心，推进创业资源集聚；创新人才政策，发挥校地合作优势，推进溪口成为龙南资金、技术、人才集聚地，进而系统推进优质资源向一镇三乡有效延伸落地；四是加快推进溪口作为山民转移安居地建设，依托翠竹小区建设，引导高山远山群众向中心镇集聚，推动山民就近就地城镇化；五是加快推进溪口作为龙南产业中心镇建设，广泛依托县委县政府和乡贤支持，大力招商引资发展生态工业和新兴产业，将溪口建成龙南居民就业增收的主体阵地，进而将溪口发展为一镇三乡产业集群的牵引中心。

其次，加快打造"以共治促共富"显性效应的一镇三乡治理共同体。共同

深化党建联盟，完善党建统领一镇三乡区域协同治理的体制机制；共同建设舒心龙南，继续做好舒心驿站，充分发挥舒心驿站舒心之家的矛盾纠纷调解功能；共同建设安心龙南，建立健全龙南应急救援联动机制，实现应急救援"一体联动"；共同建设平安龙南，以龙南联动治理中心为载体，整合执法力量，梳理联动执法事项，实现一支队伍管执法；共同建设智慧龙南，打造龙南一体智治体系，依托"龙游通""龙南综合指挥室"等数字化平台，一体推进一镇三乡区域数字化改革和整体智治；共同建设有礼龙南，以礼治牵引智治、德治、法治、自治四治融合，结合有礼指数与乡风文明建设，凸显一镇三乡和美治理风貌；共同建设信用龙南，创新龙南全域"信用+治理"，构建"龙南信用分"，不断打通、融合四个乡镇的治理事项和信用分全域兑换激励机制；共同建设全域网格，打造一支龙南网格员队伍，构建"网格+治理"体系，推进一镇三乡网格工作一体化进程。

　　再次，加快打造"以共产促共富"显性效应的一镇三乡产业共同体。共同建设龙南人才服务中心，推进一镇三乡在两进两归、人才招引用以及人才政策上的一体化，重点培育龙南创客联盟，在人才引育留用上"抱团发展"；共同谋划龙南产业整体规划，统筹构建龙南一镇三乡产业格局，推进产业发展带动龙南山区普遍增收共富，在总体提升中不断缩小镇乡居民收入水平差距；共同推进龙南文旅产业发展，充分发挥龙南生态和人文优势，培育龙南一镇三乡全域文旅品牌，推出更多联动游线，开发龙南文化产业，整合区域旅游、交通、民宿、美食等资源，结合文创、研学和夜经济，在龙南文旅产业融合和拓展上"抱团发展"；共同实现龙南生态产业升级，加强区域内笋竹资源规模整合，共同打造笋竹特色品牌，升级笋竹产业，在笋竹特色产业扩销增值上"抱团发展"；构建区域性"两山"银行，创新龙南两山转化通道，共同推进龙南山区生态产业资源集聚转化。共同衔接龙游生态工业通道，充分把握省委省政府对龙游生态工业的支持，共同培育和招引基于龙南山区资源的生态工业，实现生态产业和生态工业并举的生态经济发展；共同开发新兴业态山居经济，充分利用龙南地区生态宜居的优势，打造龙南版富春山居图，开发山居养老、山居康养、世外山居、山居社区等项目，将生态空间转化为共富渠道；共同促进龙南青年经济发展，充分发挥龙游县和衢州学院共建溪口乡村未来社区学院优势，将一镇三乡发展为衢州学院和四省边际高校大学生创新创业的首选基地，设置龙南青年经济基金，大力支持青年在龙南创业就业；共同开拓数字经济创新经济，基于龙南区位现实困境，重点支持可以打破地理区位限制的数字经济行业创新经济，全面加速升级一镇三乡5G基础设施和创业空间，招引动漫/动画、文艺创作、软件开发、互联网教育、网络直播等小而精的创业团队长期入驻。

最后，加快打造"以共享促共富"显性效应的一镇三乡民生共同体。共同构建龙南就业增收服务体系，开发山区富裕指数和共富指数一套两维实时测评系统，将山区居民收入增长和收入差距缩小作为头号民生工程；广泛运用数字化手段和网格化服务，实现一镇三乡精准共富；共同建设龙南普惠医疗服务体系，促使优质医疗资源供给更加充分、布局更加均衡；率先实施乡镇卫生院基础设施补短板项目和村级卫生服务"网底工程"，推进一镇三乡卫生院智慧升级，与龙游县中医院建立医共体，全面服务一镇三乡村民，着力提升全民健康；与市县人民医院合作，迭代升级"互联网+医疗健康"新服务，率先在龙南推进健康多跨场景应用，使人人享有便捷化、智能化、有温度的卫生健康服务；共同构建龙南行政服务便民体系，将高频便民服务事项向基层延伸，实现无行政边界、无属地权限就近办理；加速便民服务数字化改革，加快区域网格一体化建设，实现全时段全方位便民服务；共同建设龙南普惠托育服务体系，充分发挥衢州学院幼教专业优势，共同探索普惠托育的龙南行动模式，大力支持幼儿园发展托幼一体化服务，率先开展普惠性幼儿园扩容工程和山村幼儿园补短提升工程，共同促成龙南一镇三乡学前教育普及普惠；共同建设龙南普惠高质教育体系，大力发展"互联网+教育"，构建未来教育场景；构建龙南义务教育共同体，发挥校地合作优势，同标准提升一镇三乡中小学幼儿园教育质量，巩固和扩增优质师资队伍；共同探索龙南集团化办学路径，共同制定终身学习型社会的龙南示范建设方案，共同建设龙南基层社区学校、老年学校；共同建构"学分银行"制度，实现终身教育丰富便捷，满足龙南人民时时处处学习的需要；共同建设龙南职业技能培训体系，充分发挥校地合作的优势，开发面向龙南一镇三乡全体劳动者的终身职业技能培训体系和体制机制，根据龙南不同年龄段不同就业群体开展具有强适用性和针对性的职业技能培训，促进就业增收；共同开展健康龙南全民行动计划，推行运动龙南工程，普及普惠升级一镇三乡体育运动基础设施，广泛开展各类健康运动项目，营造人人运动人人健康的龙南风气；全面完善区域社保制度，推进社保数字化改革，实现社保制度精准化；实施一镇三乡养老重疾扶助社保计划，引入普惠式商业养老保险和重疾险，提升政府兜底比例，充分发挥惠衢保等政府主导性保险项目的牵引作用；共同建设龙南幸福养老服务体系，发展一镇三乡普惠养老和互助养老，加快建设居家社区机构相协调、医养康养相结合的养老服务体系；加快加强持证养老护理员培训，健全龙南留守老年人关爱服务体系；大力发展龙南银发经济，有效开发利用老年人力资源，促进老有所为；建设老年友好型山区，丰富山区老年人精神文化活动。

第五章　未来乡村的未来展望

中国农业文明历史悠久，乡村作为中国人民的精神故乡，被寄予种种美好的想象。风景如画、山清水秀、民风淳朴、诗意栖居，一千个国人眼中就有一千种乡村的模样。那么未来乡村究竟会是怎样一番景象呢？是富有江南韵味的小桥流水人家？还是彰显现代气息的数字生活综合体？抑或是野趣盎然的自然村落民居？乡村自何处来，又将向何方去？

未来，有别于现在，它是基于当前实际，对将来光景的设想。理想的未来将拥有更清洁美丽的环境、更高效智能的生活、更利民亲民的理念，与此同时，又不能失去固有的特色、代代相传的文化与淳朴的民风民俗。未来的乡村，也将立足于禀赋性、自生性和特色性，扬长避短，寻找符合自身发展需求和历史传承的建设切入点，打造"一村一景、一村一业、一村一品"的乡村发展格局。

产业兴、农村美、农民富、智能化……乡村蕴藏着数不尽的资源和宝藏，未来乡村包含着无限可能与希望。着眼当下，男女老少携手并进美美与共；展望未来，山河湖海万象更新天下大同。一幅美妙的乡村振兴画卷正在我们眼前徐徐展开……

第一节　未来乡村的社会治理形态

社会治理，仅从字面意思来看，就是对社会的治理。社会一词，内涵丰富，从狭义上说，是与政治、经济、文化等相对的社会成员公共生活的有机整体。而治理则是西方公共管理学科的舶来词，强调使相互冲突或不同利益得以调和并且采取联合行动的持续过程。由此观之，社会治理便是各个社会主体为实现社会良性运转和公共利益最大化而采取的一系列管理理念、方法和手段。

我国对"社会治理"概念的运用，经历了一个漫长的认识过程。党的十八届三中全会之前，主要使用"社会管理"，而管理者便是国家和政府。自十八届三中全会通过《中共中央关于全面深化改革若干重大问题的决定》起，我党开始用"社会治理"这一概念来替换"社会管理"。管理变治理并非只是简单的"一字之变"，而是反映了在治理主体、治理方式、治理范围、治理重点等方面的明显不同。如今我们所广泛认可的社会治理，其内涵已经转变为在执政党领导下，由政府组织主导，吸纳社会组织等多方面治理主体参与，对社会公共事务进行的治理活动，是"以实现和维护群众权利为核心，发挥多元治理主体的作用，针对国家治理中的社会问题，改善社会福利、保障改善民生，化解社会矛盾，促进社会公平，推动社会有序和谐发展的过程"[①]。

社会治理的基础在基层，重点和难点是乡村治理。中国农民聚族而居，世代沿袭，形成村落。经过漫长的历史积淀，社会关系相对稳定。中国乡村的治理，历来依靠正规制度和非正规制度共同作用形成的合力。未来乡村的社会治理模式，不仅要尊重农业、农村、农民的具体实际，还要在此基础上做出新突破，牢记以人为本的治理目标，既考虑最广大群体的利益，又不忘少数特殊群体的需求，探索多元治理主体，发动更广泛的群体参与到乡村治理中来，充分激发农民群众"主人翁"意识。在实现多元治理、人本治理的同时，将数字化引入治理全过程，连村成网，延伸乡村治理的广度和深度，实现信息互联、数据共享，服务于村民的全生命周期，运用数字平台强效监管，打造公开透明的治理环境，推动自治、法治、德治、智治"四治"深度融合。良法善治是建设未来乡村的前提，必须高度重视、深度落实，才能在乡村振兴工作中永远干在实处、走在前列、勇立潮头。

一、探索多元共治，引导治理主体共建共享

乡村治理离不开治理者。过去，乡村治理主体比较单一，严重依赖政社合一

[①] 姜晓萍. 国家治理现代化进程中的社会治理体制创新［J］. 中国行政管理，2014（2）.

的政治机构改革及群众动员机制,而在未来乡村中,构建了以村社为核心的自组织自治理的多中心权力网络,以推动乡村适应性治理持续提升,从而涌现出了不同乡村建设模式,有利于不同社会主体的介入。未来乡村的社会治理不仅需要充分发挥广大农民的主体作用,而且还需要挖掘多元主体乃至全新主体,积极探索村党组织领导下的多方共建共治共享路径。

未来乡村各治理主体之间并非领导与被领导的关系,而是相互制约、相互协商、相互合作、共同参与的协同治理关系。搭建"固定成员+非固定成员"的组织架构和线上线下相结合的意识协商平台,可以形成相互嵌合、有机联系的治理制度体系。俗话说,"三个臭皮匠,顶个诸葛亮",积极探索多元主体治理新模式,变单打独斗为抱团发展,形成资源共享、问题共商、事务共管、难题共解、矛盾联调的联合体,才能实现环境和服务的双向提升。

首先,充分发挥农民群众主体作用,实现共商共建共治共享。根据国家统计局调查数据显示,截至2022年,我国乡村人口约为4.9亿,而农民总量则高达2.86亿,占农村人口的近60%。由此可见,农民仍是乡村人口的最大多数,是乡村社会的主体,也必然是未来乡村的受益主体、建设主体和治理主体,只有充分发挥农民的主体作用,才能激发乡村内生动力,实现乡村持续化发展。要想充分激发农民的"主人翁"意识,必须从以下方面发力:第一,面对农民缺乏参与途径的状况。应当拓宽农民参与乡村治理的渠道,从根源上杜绝想参与而无门的问题,引导农民主动说事、议事、主事,实现未来乡村建设人人参与、人人尽力、人人享有。第二,面对农民参与意愿不高的状况。以积分激励机制实现"服务兑换积分,积分支取服务"的良性运转,通过垃圾分类、美丽庭院考核和月月积分兑换等举措,对积极反映问题、参与治理的村民给予一定的信用积分奖励,可以用积分兑换相应商品,让有德者有所得,激励更多村民参与乡村治理工作,全面提振村民融入村庄治理的积极性,增强获得感,在潜移默化中提升乡村共同体的凝聚力。第三,面对农民参与能力不足的状况。部分农民群众知识文化水平、政策理论修养有待提升,思想观念较为保守,对于新技术、新观念感到陌生,哪怕拥有参与乡村治理的强烈意愿,却缺乏相应的能力和方法。对此,需根据群体的不同年龄层次采取不同的应对方式,对于年长者,应俯身倾耳,安排专员定期访问,为他们讲解村事村务,听取他们的意见和建议;而对于青壮年,他们都接受过义务教育,有一定文化基础,则应大力推进教育培训,以青年人喜闻乐见的形式,有的放矢地开设课程,线上线下同步开展,迅速提升农村青年群体参事议事的素质。

其次,充分发挥青年群体重要作用,为乡村治理注入新鲜血液。人才是乡村治理现代化至关重要的因素,若是没有源源不断的新生力量参与其中,乡村治理便如同无源之水、无本之木,将逐渐走向枯萎和衰竭。青年作为社会上最富有朝气、创造性和生命力的群体,是基层治理的新生代力量,在提升乡村治理效能、社会发展活力、组织动员能力等方面具有显著优势。一方面,青年为未来乡村治理带来全新理念。他们带着全新的治理理念扎根基层,坚持问题导向,运用自己的文化知识和专业所学持续提升乡村治理效能,为乡村治理建言献策,积极探索现代化基层治理新路径;另一方面,青年将新技术融入未来乡村治理。他们发挥年轻人头脑灵活、学习能力强、善于接受新事物的优势,创新乡村治理方式,运用现代科技改进治理手段,推动互联网和乡村治理结合,聚焦创新为民,更加精细化、智能化地为地方百姓服务。在未来乡村治理中,青年作为新型主体发挥着重要作用,青年应当有所作为,也可以大有作为。

最后,充分发挥乡贤对接"枢纽"作用,引导依法依规参与治理。乡土中国,历来有"无讼"的价值追求。城里人发生矛盾,靠的是正规制度打官司,而乡村如果单靠正规制度解决问题,恐怕一村设一个法庭,天天开庭都解决不完。因而,乡村调处矛盾绝大多数依靠德高望重者出面调停,他们可以说是国与家、上与下、官与民、公与私的对接枢纽,是乡村各种矛盾的缓冲带。在未来乡村社会治理体系中,乡贤是乡村建设的重要人力资源,也是乡村文化振兴与治理现代化的文化资本。有学者指出,乡贤通过调解民间纠纷、评判是非获得权威,通过参与村庄公共事务提供公共产品获得声望,通过维护村庄共同利益获得地位,在村庄治理方面发挥重要作用,这正是未来乡村社会治理的新动能[1]。搭好乡贤"班子",夯实"善治"根基,应进一步发挥乡贤的"桥梁"作用,以软治理手段激活乡村整体内生发展动力,助推乡村高质量发展"共美"愿景的实现。

我国素有"乡村治则百姓安,乡村稳则国家稳"之说,村治则民安,民强

---

[1] 孙健,何紫菱.新时代新乡贤参与乡村治理的逻辑理路及文化向度[J].西北农林科技大学学报(社会科学版),2023(5):2.

则村旺。聚沙成塔，集腋成裘，汇集民智，共建乡村，未来乡村的有效治理离不开每个主体的努力和拼搏，未来乡村的蓬勃发展更需发挥多元主体的智慧和力量。

二、厚植民本思想，秉持治理目标亲民利民

为政之道，以顺民心为要，以厚民生为本。未来乡村的社会治理，应当坚持亲民利民的治理目标，关注人的生活圈、需求圈，实现人的现代化，以推动人的全面发展为核心，着力于提升村民的生活品质和精神面貌。

"以人为本""从人民中来，到人民中去"，并非要对所有村民做"大锅饭"、搞"一刀切"。离开个体的生存状况、发展状况去谈民本，就如纸上谈兵，毫无意义可言。未来乡村的治理目标，应当坚持两点论与重点论相结合的方法论原则，在充分考虑最广大群众利益的基础上，重点关注少数特殊群体需求，既关心村庄原住居民的发展状况，也积极帮助新来者融入乡村，让每一位身处其间的人都感到如家般的温暖。

首先，充分考虑最广大群体的利益。全面推进乡村振兴，必须着眼于乡村治理的公共利益最大化。乡村最广大的群体仍然是农民，关注农民的急难愁盼，把维护农民群众的根本利益、促进农民共同富裕作为出发点和落脚点，不断提升他们的获得感、幸福感、安全感，是未来乡村治理的首要目标。农业是农民的主要收入来源，对于仍以种植为业的农民而言，先进农耕器械、数字化农业技术的使用，可以帮助他们提升农产品的质量与产量。而对于离村务工将土地闲置的农民，则可以鼓励他们将"承包权"和"经营权"让渡给职业农民或农业企业，既能获得租金补贴家用，又不至于荒废田地，还可实现大规模种植与农业生产，更有利于未来乡村的整体规划和建设，整治村容村貌，可谓是一举三得。与此同时，未来乡村的二、三产业也处于蓬勃发展的状态当中，乡村旅游业的兴盛、上下端产业链的打开，不仅创造了更多就业岗位和机会，而且极大地提升了农牧产品的附加值，促进了农民持续增收。除生产性收入外，财产性收入也是农民"钱袋子"里的一部分，加快构建城乡统一的建设用地市场，推进农村宅基地和农民房产确权颁证，是未来乡村民本治理观的重要体现。

其次，重点关注少数特殊群体需要。在广大村民中，除年富力强的青壮年，还存在着少数特殊群体，他们或失怙失恃，或身体残缺，或精神失常，或困顿无依，面临着肉体与精神的双重挑战。对这部分群体来说，必须系统梳理政府救助责任、社会力量帮扶、社会救助服务目录等清单，既要对他们的具体情况进行摸排调查，形成详细的报告，一人一议，重点关切，同时也要将能为他们提供帮助的团体及物资整理筛查，通过各式各样的关爱服务和帮扶机制，保障他们的生活需要和差异需求。面对老人及幼童，尤其是留守老人和留守儿童，依托"共享社"建设，制定契合老年人、儿童等特殊群体基本需求的"未来乡村服务清单"，利用智慧健康站、养老驿站等未来乡村场景，整合优质资源下沉到村，推进儿童友好试点单元建设，有效破解农村"一老一小"服务频率低、服务主体少等难题。加快补齐基本公共服务短板，加快实现幼有善育、学有优教、劳有厚得、病有良医、老有颐养、住有宜居。而面对残疾人及困难户，则应深化"弱有众扶"的指标体系，救助方式也不能仅以现金救助为主，更应探索照顾护理、康复训练、送医陪护、社会融入、能力提升、心理疏导、资源链接等服务型救助，满足残困群众多样化、差异化的需要。

最后，积极帮助外来群体融入乡村。在未来乡村中不仅有原乡人，还有返乡人和新乡人。返乡人社会阅历丰富，见识过大城市的繁华，接受过较高层次的教育，有一定资金和资源，他们的参与是乡村振兴有益的补充和资源合理顺畅流动的必然选择，是激活农村要素的必然途径，但他们许久未曾回乡，或许一时难以适应乡村生活，也缺乏办公创业场所；新乡人有技术、有市场，被乡村发展的前景吸引，可以转变成为乡村投资和发展的参与者、谋划者，但是他们并非生于兹长于兹，甚至长久生活在城市当中，未曾接触过乡村，对于乡村状况缺乏了解。如何治理这些外来之人，帮助他们迅速融入原乡人队伍中，保护他们的合法权益，尊重他们的合理需求，大跨步走向共同富裕，也成为未来乡村治理当中的重点难点。外来人回乡入乡需要有土地支持、设施支持乃至政策支持，才能消除他们的后顾之忧。一方面，应加强基础设施建设。支持村集体利用村内闲置厂房、民居等存量资源打造适合发展"乡贤回乡、青年回乡"的特色产业园、小微创业园、农村创业孵化实训基地等，建设共享办公、共享创业空间，吸引年轻人回来、城里人进来。另一方面，应加大各项支持力度。仅解决办公条件是不够的，还得关注外来人的生活条件，开展各式乡创活动，为他们提供创业机会。加快发展各类现代乡村服务业，培育乡村新产业新业态、实施乡村振兴人才支持计划，允许符合一定条件的返乡回乡下乡就业创业人员在原籍地或就业创业地落户。可以参考浙江安吉余村"合伙人计划"、溪龙乡"DNA公社"、横山坞"小瘾半日村"，以及湖州世界乡村旅游小镇推出的"青年人才咖位"等乡创活动，积极探索乡创社区的可能，创新乡村的"校企地"合作新模式，打造乡村人才集聚高地。

人的全面发展是实现共同富裕的价值目标，未来乡村以人的幸福感为建设方向，将农村各式各样的群体纳入治理范畴，充分考虑个体的需求差异和发展差异，既满足人们对高品质生活的追求，又满足人们自我实现、创造价值的需要，这也是未来乡村民本治理观的进步所在。

三、推广数字改革，助力治理方式智能有效

曾经，很多人认为农村是远离尘嚣的避世桃源，数字化、信息化离乡村很远，而在未来乡村，随着信息技术的快速发展，以乡村现代信息网络为载体，以物联网、大数据等信息技术为驱动，数字化已经成为乡村治理的重要方式。

未来乡村的治理模式，需要自治、共治，也需要智治。面对乡村基层组织"散"、综合整治负担"重"、村民自治方式"少"等治理难题，通过数字信息技术重构乡村治理要素，改变乡村治理过程、治理内容、治理方式，优化乡村治理模式，已成为未来乡村社会治理的重要载体和手段。数字技术与乡村治理结合，通过线上与线下协同发力、网络与网格互相关联等方式，构建了各治理主体的连接通路，为提升乡村治理效能提供了机遇。随着物联网和5G技术的普及，结合数字化改革推动乡村治理集成运用，数字化将进一步助力乡村发展，丰富乡村治理的应用场景，延伸乡村治理的广度和深度。

首先，完善数字基础设施。基础设施的数字化、网络化是数字乡村的发展前提。过去乡村基础设施仅限于修路架桥，而今乡村新基建把以5G、物联网、工业互联网等为代表的通信网络基础设施和以人工智能、计算、数据中心为代表的算力基础设施涵盖其中，将乡村快速接入城市的生活中去，实现无缝互动。推进

乡村新基建的第一步就是打通数字基础社会大动脉。实现网络全覆盖，加快5G网络与千兆光网协同建设，深入推进IPv6规模部署和应用，推进物联网全面发展，系统优化算力基础设施布局，整体提升应用基础社会水平，加强传统基础设施数字化、智能化改造。而完善数字基础设施的第二步就是建设基层治理大脑。利用数字技术和信息化手段，可将交通、居家安全、村民救助以及产业管理、农产品溯源等各式各样的乡村治理事件如同脑内神经般连接在一起，为乡村提供智慧化、便利化、可持续发展的服务和支持，迭代乡村教育、健康、养老、住房、供水等数字化应用场景，构建自己的管理体系。在某些地区，基层治理大脑外在表现为智慧灯杆，既能将太阳能转化为电能，符合低碳发展理念，而且还可通过随时可见的灯杆监控救援强化乡村数字网络搭建，以灯杆为中心，通过蓝牙把乡村连成网络，不失为一个一举两得的优质举措。

其次，搭建各类数字平台。若说数字基础设施是数字化乡村治理的硬件，那么数字平台的开发就是乡村治理的软件。未来乡村治理平台主要涵盖乡村综合治理、智慧党建、信息发布、视频监控等模块。村干部可通过平台直观掌握本村基本情况，实现监控警报、物业管理实时使用情况、日常巡防、隐患爆料等功能，还可通过整合发改局、农业农村局、文旅体局、民政局、教育局、卫健委、医保局等多家单位，实现信息互联、数据共享，服务于村民的全生命周期，有效打通基层治理、公共服务的任督二脉。对于村民来说，平台则是扮演着收发站的角色，既可以通过平台接收本村通知公告，足不出户便可知村内大小事，又可以在遇到疑难杂症时，一键拍照上传，及时反映问题，若是对村务处理存在困惑情绪，也可通过平台直接质询，绝不将问题留过夜。村民们还能借助应用软件，实现政务数据共享互通，对网格干部、社区干部、党员志愿者、小村管理人员等日常巡查进行记录，并对发现的隐患及时上报，由平台指派人员整改处理，形成"发现问题—任务处置—定责指派—处理反馈"闭环处置流程。

最后，提高数字办理效率。未来乡村的数字化治理，既要依靠软硬件兼施，同时也需要将数字资源与人力资源紧密结合，形成"网络+网格"的治理格局，突出数字技术的优势，实现"数据多跑路、群众少跑腿"的目标，提高数字办理效率。从一方面来看，网络实现了网格的互联，而政务服务也实现了"在线办理"。同时，还可以形成产业集群，提升区域经济竞争力，增强对周边地区和全省经济社会可持续发展的拉动作用。通过利用大数据技术，我们构建了一个以政府为核心的网络治理平台。这个平台充分利用了网络治理的优势，实现了基层工作内容的数字化和数据化。政府的服务也从传统的线下模式转向了线上模式，例如，与村民日常生活相关的教育、工作、养老、社会保障和医疗等公共服务都可以通过网络进行一站式处理，这不仅提高了工作效率，还为广大民众的生活带来了便利。同时还能减少办事人员与政府部门之间的信息交互次数，避免重复办公现象发生，有效提升服务水平。从另一个角度看，网格为网络提供了支持，一旦发现问题，可以"立即处理"。网格是由大量微型计算机构成的自治系统，它具有分布广、数量多、功能强、运行稳定等特点。网格治理方法将整个管理区域细分为多个独立的网格单元，并以这些网格为基础划分出"责任田"。每个网格都配备了专门的网格员职位。这些网格员可以通过移动终端设备，利用微信网格群、网格化管理平台和综治中心平台等工具，迅速识别和解决乡村治理中存在的各种问题，从而解决了传统治理模式中沟通困难和应对不及时的复杂问题。在信息化时代，互联网成为人们生产、学习和生活不可或缺的一部分，利用互联网来解决一些现实社会问题，已逐渐形成一种趋势。网格员的主要职责是将公众的需求和网格内的关键事宜反馈给治理平台，确保政府部门能够迅速且全面地获取这些信息，从而做出最佳的决策并提供最优质的服务。

以数字技术赋能乡村治理，为解决乡村治理重点难点问题和农民群众急难愁盼问题提供了新思路、新方案、新路径。但推进乡村治理数字化时，切不可脱离实际、盲目推进，避免造成新的"数字鸿沟"，应倡导各地区充分考虑村民实际需求和使用体验，保留传统办理渠道，持续为村民提供上门办理、委托代办等服务，实现"智能化"与"人性化"的有机统一。

四、加强权力监督，保障治理过程阳光透明

权力一经滥用，会沦为凶猛之虎、贪婪之豺，若缺乏约束手段，便会一发不可收拾，导向不可控的结局。因而必须将权力关进制度的铁笼，方能有效制止腐败，还基层一个风清气朗。对于未来乡村而言，"阳光"是治理腐败的"防腐剂"、乡村治理的"良效药"，抓实基层"公平、公正、公开"，让权力在"阳

光"下运行，是强化乡村治理的先行工程、基础工程。

监督是落实和完善党的乡村振兴战略部署的重要机制。发挥监督在乡村治理中的基础性、保障性作用，坚持上下联动、协同发力，以加强小微权力监督为重点，采取线上线下多种方式扩展村民参与村务党务监督的渠道，推动制度化、规范化，立志将扫黑除恶斗争进行到底，让一切腐败无处可逃，切实维护群众利益，为乡村振兴注入"廉动力"。

应以加强农村"三小"监督为重点。乡村小微权力、小型工程、小额资金是农村基层腐败和不正之风问题易发多发的重点领域，也是权力监督的难点所在。未来乡村的治理监督体系应当迎难而上，建立健全运行规范、全程公开、管控有效的"三小"监督体系。一是规范小微权力运行。采取清单化管理方式，落实村级组织小微权力清单、廉洁履职负面清单、主要负责人责任清单，激活村级监督力量，切实保障基层小微权力规范运行。消除监察盲区，构建以权力清单为进路的乡村治理模式。推进"村民说事"升级版和村级小微权力清单标准化建设，规范村级小微权力在"阳光"下运行；二是聚焦小型项目建设。聚焦人饮工程、道路硬化、亮化工程等乡村振兴小型建设项目，推行"三督三看"措施，做到事前督，看工程项目的立项、工程建设招投标；事中督，看工程建设项目实施管理、工程建设资金管理；事后督，看竣工验收和工程结算、群众满意度。实行项目招标决策追根溯源、阳光问廉，从"小切口"推动"大整治"；三是加强小额资金监督。制定并严格执行村集体资金公开制度，接受群众监督。联合职能部门专业力量强化监督，确保资金安全有效运行，积极推进村级集体财务第三方代理记账，实行财务公开，打造"阳光村务"，严格惠民惠农补贴资金发放监督，强化片区协作，推动农村集体资金管理规范化。

应以发挥线上"三务"云公开为抓手。数字赋能乡村治理不仅体现在居家安全、村民救助、产业管理等方面，还可应用于权力监管，发动群众力量，发挥云功能，让黑暗无所遁形。一方面，推广"互联网+说事"模式。设立红黑榜、曝光台，保障农村集体村级党务、村务、财务"三务"云公开，完善村内重大事项公开，村级工程建设项目管理、办事结果公示等制度建设，促进村务信息即时公开，提高村级信息的透明度，将权力装进制度的笼子里，保障农民群众的知情权，实现公开马上知、小微权力马上监、村情民意马上集。另一方面，实施

| 浙江省未来乡村建设的探索与实践 |

"互联网+小微权力"监督。构建公开透明的监管信息平台,强化村务监督委员会、会计核算和审计监督等多个方面的网络连接,利用先进的数字技术来准确反映农村基层的社会状况和民众的意见,并对群众高度关注的问题领域进行了加强和整改。随着信息化时代发展的需要,各级政府部门都在积极探索如何利用互联网和云计算来解决传统电子政务存在的诸多弊端,建立统一、高效、透明的信息服务平台是当务之急。推动农民群众和村务监督委员会利用数字化技术全面、直接地参与到村级公共事务的监督中,以实现村务监督的常态化,增强监督的针对性和有效性,同时也能降低监督的成本。依托"小微权力监督一点通"平台,让村民主动参与党务、村务、财政拨付资金等小微权力监督,实现问题一点必达、问题处理可查询可追踪。

应以促进乡村"三治"相结合为对策。健全自治、法治、德治相结合的乡村治理体系是中央根据我国农村社会治理的基本制度安排和特点作出的重大决策部署,"三治"相辅相成、互为补充,共同服务于强化乡村治理的总目标。其一,自治为基,民主监督是乡村自治的有机组成。健全自治制度,加强治理主体参与权、监督权,使乡村治理能够充分体现人民意愿、满足人民需要,顺应基层治理体系变革,全面实施阳光治理工程,大事、要事透明公开。其二,德治为先,舆论监督是乡村德治的重要机制。德治构成了乡村治理结构的核心价值,如果农民的道德觉悟没有得到提高,那么优秀的乡村治理就只会成为无根之木。舆论在乡村社会中起到了对各类流言和谣言进行及时整治的作用,同时也对婚丧大操大办、高额彩礼、铺张浪费和厚葬薄养等陈旧习俗进行了道德评价。乡村社会存在着严重的道德败坏现象和不和谐因素,其根源在于缺乏有效的舆论监督。推进乡村的舆论监督不仅可以增强其宣传和教育作用,还能促进风俗习惯的转变,培养出文明的乡村风尚、优秀的家庭风尚和淳朴的民间风情,为乡村文明注入新的活力。其三,法治为本,法律监督是乡村法治的实现路径。法律是乡村治理的最后一道防线,法律监督作为法治的内在逻辑,具有规范性和强制性,是乡村社会矛盾纠纷解决的重要机制。要加大普法力度,加强村民的法治教育、增强村民法治意识,让村民学会用法律保护自身权益不受侵害。同时也要以法律为武器,坚定不移地推进扫黑除恶运动,将黑恶势力及其保护伞一网打尽。

构建未来乡村社会治理体系离不开监督的力量。以"三小"重难点为突破口，运用多种高效监督方式，构建多方协作路径，系统推进乡村监督体系建设，以有效监督保障乡村有序治理，才能将监督优势转化为治理效能，保障治理过程阳光透明，实现农村基层自治、法治、德治的高度统一，让未来乡村天天有阳光，处处是晴朗。

第二节　未来乡村的人文人居形态

《辞海》将人文定义为"人类社会的各种文化现象"[①]。从广义上讲，人文即文化，两者细微的差别在于范畴的不同，从狭义来讲，人文是人类文化中的先进的、科学的、优秀的、健康的部分，带有天然的褒义。人居作为属性词，常作为场所、环境等前缀出现，指代人类居住的环境，是与人类物质活动密切相关的物理空间。从词语解析的重点来看，人文人居涵盖了人类生活的精神文化和物质场所，重点探讨的是精神文化领域与物质文化领域的呈现样态。

乡村振兴，文化先行。植根于乡村本土的精神文化与物质文化，是展现乡村整体风貌的亮眼招牌，是未来乡村人文人居发展形态的生动注脚。宜居宜业、和美富裕是未来乡村的重要标志，文化价值培育传承和人居环境整治改造，是未来乡村人文人居发展的重点内容。文化价值培育传承内容丰富，乡村文化现代化、农民文化素质、村级文娱活动、农耕文化保护，地域特色展示，农文旅产业融合等都属于乡村人文环境的重要内容。

人居环境整治改造起步已久，早期浙江乡村实施的"千万工程"通过垃圾分类、污水治理、厕所改造三项生态环境整治重点工程，显著提升了乡村人居环境，在村庄尺度实现了人工生态建设。在美丽乡村建设时期，乡村发展以生态宜居作为重要目标，通过科学合理规划，将人工生态建设拓展至村域尺度，逐步缩小城乡建设差距。而未来乡村将以乡村联合体或村镇复合体的形式，通过人居环境整治改造，跨域式提升传统农村物质环境、完善乡村多元化功能和人民群众的居住幸福感，大幅度缩减城乡发展差距。

---

① 陈至立. 辞海（第七版）[M]. 上海：上海辞书出版社，2020：77.

未来人文人居事关未来乡村样貌的整体呈现形态，是美丽乡村、人文乡村融合创新的发展方向。未来乡村的人文人居形态，以丰富设施、文化建设、风貌管控、邻里生活等为重点，完善乡村多元功能，实现文化传承创新，加强生态环境治理，弘扬培育乡风文明。人文人居形态作为未来乡村社会形态、未来产业经济形态、未来党建治理形态的重要积淀，必须建设好、培育好，才能有力保障未来乡村形态均衡系统。

一、完善基础设施，发挥未来乡村多元功能

宜居宜业是未来乡村的特色亮点，是乡村人文人居环境提升的发展方向。提高乡村基础设施完备度，才能有效提高乡村公共服务便利度和人居环境舒适度，并在物质条件丰富发达的基础上滋养对优秀文化的追求与发展，营造良好的乡风乡貌，使未来乡村真正发挥居住、教化等多种功能，真正促使未来乡村现代化，未来农民就地过上现代文明生活。

乡村不仅是农业生产的空间载体，更是广大农民生于斯长于斯奋斗于斯的家园故土，促使城市资源有序向乡村流通，在完善通讯、能源、水利等基础设施规划前期布局的前提下，进一步完善文化活动设施、医疗健身设施、交通物流设施、数字基础设施等能够切实提供农民便利性，提升居民幸福感的基础设施，深化乡村人居环境改造，保障乡村高品质公共品的合理供给与统一安排，充分发挥乡村多元功能价值。

第一，丰富的文化活动设施是未来乡村人文人居的物质呈现形态。乡村文化是中国传统文化的重要组成部分，是乡愁乡情的纽带。文化设施的完善将带动乡村物质文明和精神文明的和谐发展，是决定乡村文化发展传承的物质基础。未来乡村将根据自身特色，通过完善文化礼堂、农家书屋、科普园地、百姓戏台、乡贤馆、乡土文化展示区或体验基地等配置，为农民学习文化、感受文化、发展文化提供资源与场所。在文化学习领域，未来乡村可以推动县级图书馆、文化馆、博物馆、纪念馆等在乡村设置便民服务点，促使村民就近学习科学知识、感受文化熏陶。在文化教育领域，未来乡村将完善各环节教育培训工作，开发婴幼儿托育服务，建好等级幼儿园、义务教育标准化学校，建设农民学校、职业技术学

校、老年大学等，满足农村人民不同的教育需求，推进形成线上线下终身学习的良好氛围。

第二，系统的医疗健身设施是未来乡村人文人居的健康呈现形态。建立系统的医疗健身设施是实现全民健身与全民健康深度融合的重要举措。增强人民体质、提高全民族身体素质，保障社会公共健康是健康中国建设的重要内容。保障未来乡村公共健康的关键在于提升乡村医疗卫生水平，推进紧密医共体向农村覆盖，提升乡村医疗卫生标准化建设，健全乡村传染病常态化防控机制，推进县乡村医疗卫生一体化建设，打造20分钟医疗圈，为乡村提供高质量公共卫生服务，实现乡村居民全生命周期健康管理，切实保障村民的身体健康和生命安全。另外，提升乡村人民健康状况还需从农民的自身意识入手，要加大科普物资投入，教育村民如何科学防治病媒生物，注重识别与保障自身饮用水与食品安全，普及健康生活方式，提高村民健康素养。未来乡村要加强全民健身公共服务，为乡村居民提供健身场所，完善公共体育健身设施配置，降低健身的门槛和成本，通过休闲公园、跑道操场、自行车道、公共健身器材、健身房等，鼓励乡村居民以快走、慢跑、有氧操、广场舞、骑行、拉伸、举重等多种形式开展全民健身活动，在实现全民普及的基础上以差异化的健身服务供给满足多层次的大众健身需求。

第三，便捷的交通物流设施是未来乡村人文人居的现代呈现形态。交通物流是直接影响乡村居住便捷性和城乡交互流动性的关键因素。完善交通物流设施就是要建立未来乡村交通路网、实现未来乡村物流畅通、推广未来乡村绿色出行。在交通设施上，首先应建成高水平乡村道路，在保障乡村双向车道的基础上，提升道路建设治理，建立以安全、舒适、便捷、通达为原则的乡村交通系统，有序推进乡村道路与城市道路、公路体系有序衔接，推动城乡公交一体化高质量发展，结合乡村出行群体特点，优化公交路线，保障服务供给。其次，交通道路设施应顺应时代发展趋势，在乡村土地规划中科学布设停车场，鼓励绿色出行，开发共享单车、共享汽车服务，配足新能源车充电桩等。最后，物流作为交通体系的重要内容，在未来乡村建设中应不断提升物流服务水平，推进快递入村，升级邮寄接收快递的便利性，联合各物流企业及社区零售、餐饮配送企业，实现物联网末端追踪，建设融农村物流、客运、旅游等多种功能为一体的交通驿站，打通快递"最后一公里"，在有效降低乡村末端邮寄成本的基础上，提升未来乡村交通物流水平。

第四，高效的数字基础设施是未来乡村人文人居的智慧呈现形态。数字乡村是乡村振兴战略的方向之一，也是数字中国的重要组成部分。数字基础设施的完善将带动信息技术加速融入未来乡村发展的全方位、全过程，深刻变革农村人民的生产方式、生活方式、交往方式、治理方式。高效的数字基础设施需要建立系统的乡村数字基础设施、智慧农村设施、乡村公共服务数字化设施，并开拓数字化应用场景。完善数字基础设施，要实现乡村千兆光纤网络、5G 移动网、免费 Wi-Fi 等全覆盖，系统规划建设乡村治理、基础设施、产业发展、公共服务、乡村运营、生态建设等数字化应用场景，并通过数字加农业、数字加经济、数字加医疗等积极探索，形成智慧农场、农村电商、云端旅游、互联网医疗、数字养老服务平台，实现农村应急广播和公共出入口、公共活动场所等视频监控全覆盖，围绕经济、生活、治理等乡村多领域实现数字化转型升级，依据乡村实际情况实现"一村一特"，助力乡村宜业宜居。

物质条件是未来乡村人文人居呈现的基础状态，决定着人文培育发展的下限和人居环境感观的好恶。完善乡村的基础设施是提升乡村物质条件的关键内容，直接影响着未来乡村多元功能的实现和人文人居的基础形态。

二、着重文化建设，实现优秀文化传承创新

文化是一个国家、一个民族的灵魂所在，是国家和民族兴旺发达最基本、最广泛、最持久的力量源泉。乡村文化振兴是乡村振兴战略的重要组成部分，是实现乡村振兴的精神密码。着重开展乡村文化建设，是塑造未来乡村精神特色风貌的重要内容，也是形成未来乡村文明风尚的关键武器，更是促进乡村现代化发展的强大精神力量。

着重乡村文化建设，关键在于挖掘乡村文化的资源，发挥乡村文化遗产的现代价值，流畅连接乡村优秀文化与乡村现代生活，实现未来乡村优秀文化传承和创新。未来乡村开展乡村文化建设要实现乡村特色文化繁荣兴盛，通过加大农村公共文化设施、活动的有效投入，保护性开发乡村历史文化遗存，提供丰富多样的乡村文化服务，全面传承优秀乡村文化，充分展示乡村特色的地域性文化，推

动文化产业蓬勃发展等多种方式，营造未来乡村健康浓郁的文化环境，不断滋养村民的文化素养，树立村民对乡村的文化自信，拓宽乡村文化创意表达的生成空间，深入挖掘乡村文化的发展潜力。

第一，厚植乡村文化认同，实现乡村文化自信自强。认同是树立文化自信的情感前提，是实现文化自强的精神力量。乡村文化认同是村民对乡村文化的确认和接受，是对乡村生活方式、交往方式的认可和遵守，是对乡村文化行为、思维模式的承认和坚守。乡村文化是传统农耕文明的重要表现，蕴藏着深刻的历史文化价值。伴随着现代化的飞速发展，乡村文化脱胎于传统农耕文明与现代城市文明逐渐接轨，在新与旧的交织拉扯中形成了独具特色的文化体系，既有家族宗祠、农业遗迹、民间曲艺、手工技艺等物质与非物质类文化形态，又出现了乡村春晚、乡村音乐节、乡村美食街等新兴发展的文化样式。未来乡村的文化建设将不断挖掘优秀的乡村文化资源，不断开发乡村文化的蕴含价值，通过新旧文化的和谐发展，形成各具特色的乡村文化谱系，在传承优秀传统文化维系村民深层感情的同时，实现新兴文化对村民集体记忆的再创造，潜移默化中厚植村民对乡村文化的认同，坚定乡村文化自信，在认同发展中推动乡村文化的保护性发展，实现乡村文化的自立自强。

第二，鼓励文化创新表达，拓宽乡村文化创新空间。表达是文化生存发展的关键，默不作声的文化往往容易流失于岁月长河的侵蚀。创新是文化延续发展的最佳方法，与时俱进的创新表达能够在时空范围打破文化传承创新的围墙。乡村文化想要创新发展，就要让优质的内容与合理的渠道结合，实现表达内容与表达渠道的统一，只有与时俱进创新乡村文化表达，才能无限拓宽乡村文化创新空间，充分展示乡村文化的巨大魅力。未来乡村鼓励文化创新表达将借助文化活动载体和数字技术赋能，激活乡村文化的磅礴生命力，让优秀传统文化活起来，使乡村新兴文化火起来。办好乡村文化活动是加强乡村精神文明建设，丰富人民群众精神生活的重要抓手，未来乡村将持续通过"村晚""村超""音乐节""丰收节""灯会"等创新性的文化活动，满足村民精神需求，提振村民精神面貌，刺激乡村消费升级，各种特色文艺表演、乡村体育活动、非遗技艺展示、礼仪风俗展演、美食文化交流等突破了乡村文化传统表达模式，突破了大众对乡村的刻板印象，展现了乡村文化的崭新风貌。新媒体时代的数字媒介拓展了乡村文化的传播渠道和创新空间,直播带货、短视频发布等成为乡村文化的重要表达方式和传播方式,带动越来越多的村民主动成为乡村文化的弘扬者和创新者。

第三,发挥农民主体意识,挖掘乡村文化发展潜力。农民是乡村文化建设的主体,是乡村文化建设发展最具内驱力的核心力量。唤醒农民文化建设主体性,发挥农民文化发展主体意识,是挖掘乡村文化发展潜力的制胜法宝,也是未来乡村精神文化发展的重要构成。乡村文化的继承者是农民,乡村文化的弘扬要借助农民,乡村文化的创新要依靠农民。只有不断鼓舞农民投身乡村文化的传播和发展,促使农民发挥自身主观能动性,乡村文化创新发展才能有所依托。未来乡村将通过政策支持,以场地安置、资金帮扶、宣传推广等多种形式,积极帮助农民群众创建歌舞队、书画社等文化自治组织,鼓励村民成立乡村文艺传承队伍,培育乡村特色文艺团队,刺激农民群众自发广泛地开展民俗文体活动。未来乡村也可以借助评比活动、云直播、云演艺等形式鼓励更多的农民参与乡村文化建设,并加强农民数字素养培养,提升农民群众的数字技能,促进更多农民学会使用数字化"新农具",为农民参与乡村文化创新提供技术支撑。未来乡村也将培养一批熟悉、热爱乡村文化的带头人,发挥其榜样示范引领作用,引导教会更广范围的爱好者发挥自觉性、主动性,更深层次、更广范围挖掘乡村文化活力与潜力。

培育文化是未来乡村的精神内核,决定着乡村人文继承发展的方向和人居环境氛围的营造。加强乡村的文化建设是培育、传承、发展乡村优秀文化的重要举措,深刻影响着未来乡村的文化底蕴,塑造着未来乡村人文人居的发展形态。

三、加强风貌管控,提升生态环境治理水平

满足人民群众对优质生态产品和优质生态环境的热切期望,要让居民望得见山、看得见水、记得住乡愁,就要牢记以人民为中心的发展思想,大力推进生态环境建设。加强城乡风貌管控,实现城乡高水平绿色发展是未来城市与未来乡村的发展形态。加强乡村风貌管控是国土空间用途管制的重要内容,也是加强生态环境保护与修复的重要举措。

合理管控乡村风貌,就是既要加强乡村土地综合整治,优化乡村空间布局,也要履行乡村生态保护修复责任,提升生态环境治理水平,保护山清水秀的乡村

生态环境，营造宜居适度的乡村生活空间。未来乡村的人文人居形态将依托乡村现有的山水脉络等独特风光，培育村民绿色发展理念，合理调整乡村生态环境和发展方式，让乡情村景与现代生活和谐融洽，满足人民对于建设美好家园的殷切期望。加强未来乡村风貌管控需从谋划村庄布局、保护生态环境、厚植生态观念出发，实现发展样貌与发展方向的科学与绿色。

第一，整体谋划村庄布局，塑造秀美未来乡村。加强未来乡村风貌管控，首先要实现乡村土地的合理布局，坚持宜农则农、宜建则建、宜留则留、宜整则整的基本原则，以科学的设计引导实现乡村风貌的整体优化。未来乡村的村庄布局将坚持系统性原则，加强乡村建设规划许可管理，整体谋划县域乡村规划，形成和谐秀美的未来乡村建设规划体系，以乡村特色风貌为基点综合考量、科学设计未来乡村村庄布点、村庄设计、房屋设计。在区域性考量的基础上，未来乡村要针对聚集提升类、城郊融合类、特色保护类、搬迁拆并类等各类村庄，要因地制宜、因村施策，可以采用片区化、组团式等方式分类开展布局整治，整体谋划村庄规划，实现城乡风貌的系统协调和整体优化。在村庄设计上，未来乡村将紧密结合国土空间综合整治，科学划分乡村一二三产业的布局，保障农业用地安全红线，盘活乡村建设用地存量，推动乡村样貌更新迭代。在房屋设计上，未来乡村将以美丽庭院建设为重点，以共建共享全域美丽大花园为目标，全面杜绝各类违法建设，以"路面、立面、屋面"为突破口推进乡村微改造、精提升，加强对新建农房式样、体量、色彩、高度等的引导，实现乡村总体风貌和谐秀美。

第二，传统风貌保护开发，留存自然生态格局。未来乡村加强风貌管控，必须对传统乡土风貌进行保护性开发，以自然生态保护为重要抓手，构建风景秀美的自然生态格局。未来乡村将坚持尊重各地区乡土风貌和地域特色，加强乡村特色保护和传统村落风貌保护性开发，运用科技手段、物理保护、政策支持等对村庄原有纹理进行有效保留，在保护乡村传统风貌的基础上，以"绣花"功夫锲而不舍地推进乡村微改造、精提升，做到有的放矢，杜绝粗制滥造。未来乡村还将着眼于"山水林田湖草"自然生态格局的塑造，整体实施乡村生态保护和修复，结合乡村人居环境整治，优化乡村生态用地布局，保护和恢复乡村生态功能，维护生物多样性，保持乡村自然景观和天然魅力。未来乡村在留存自然生态格局的同时，也可以加强乡村人工生态环境建设，着力打造美丽河湖、美丽水站、美丽山塘、绿色水电站等有机融合于大自然的人工生态环境,在保留乡村人居环境的天然魅力的同时着力提升人居环境的舒适度,但必须建立村庄环境常态化管护机制,防止出现破坏生态环境挖山填湖、占用耕地制造人为景观、破坏乡村传统风貌大搞旅游经济等现象出现。

第三,贯彻绿色发展理念,厚植生态文化观念。过去一段时间,我们对生态环境认识较为薄弱,以牺牲生态为代价换取短期经济利益,先污染后治理,破坏生态平衡,造成难以下咽的恶果。对未来乡村生态环境建设而言,加强乡村风貌管控,提升环境治理水平,实现人居崭新面貌,仅从自然格局与村庄布局等外部环境方面发力,是短期、不可持续的,唯有从村民的认识认知落笔,转变他们错误的发展观,厚植生态文化观念,才能从根源上解决问题。"青山就是美丽,蓝天也是幸福",推动乡村人文人居现代化,可以从以下两个方面着手:一方面大力弘扬生态文化。强化村民节约意识、环保意识、生态意识,倡导取之有度、用之有节的低碳理念,积极倡导绿色低碳生活方式,大力推广低碳出行方式,注重节能减排,减少能源消耗和碳排放量,营造人人参与生态环保、践行绿色发展的良好乡村氛围,建设生态文化基地和生态文化村;另一方面坚持绿色发展理念。改善乡村农田、草田生态,大力发展未来乡村现代农业和畜牧业,实现乡村农牧业适度规模经营,并通过统筹推进低效林草地和田园整理、农田基础设施建设、现有耕地提质改造等提升乡村农业绿色发展、高效发展。

未来乡村的特色发展,需要发挥乡村的人文特色和人居特色。加强乡村的风貌管控就是加强乡村人文人居面貌的保护与调整,坚持绿色发展理念,加强生态环境治理是未来乡村的保持特色人文人居形态的可持续发展之道。

四、激活邻里空间,弘扬培育温情文明乡风

邻里是一种在地缘关系的基础上,以友好交往和亲缘关系等联系起来共同生活的社会群体。邻里空间则是指居住在相邻地区的人们在家庭居住空间之外所共同使用的公共区域,在这个公共区域人们将实现休憩、交往、娱乐等多种活动。未来乡村的人文人居着重激活邻里空间,是实现乡村共同体的重要内容,也是改善邻里关系,营造健康的邻里生活的必要条件。激活乡村邻里空间可以为文明乡

风培育提供空间场所，也可以通过人文温度传播发挥乡村精神文明建设软实力。

未来乡村激活邻里空间活力需要实现邻里空间的基础功能，满足人们健康安全便捷生活的物质需求，也需要构建开放、现代、文明的邻里空间，实现人与人之间友好交往、互帮互助的精神满足。激活邻里空间，以乡村邻里空间的交往开放性、现代便捷性和人文温度，培育温情文明、温馨有爱的乡风，是加强乡村精神文明建设的重要举措，也是促使乡村焕发文明活力的关键内容。

第一，增强邻里互动交流，打造开放的邻里空间。未来乡村要打造开放适宜的邻里空间，通过提供场所、配套设施和增加交流机会，增加乡村邻里间的日常互动交流，彰显乡村邻里亲缘性和地域性的独特优势，切实增强乡村归属感，为文明乡风培育提供前提基础。未来乡村打造开放式的邻里交往空间，需要兼顾空间场所的公开性和私密性，满足不同类型的交往需求。增强邻里互动交流首先需要明确村民交往需求，把握村民的日常行为特征，按需打造不同风格、不同层次的开放性交往场所。例如，针对村民聚会交流、休闲散心等需求，可以修建休闲公园、乡村文化舞台、建设广场、定期举办大型市集等满足村民大范围的交流需求。针对村民艺术爱好交流、茶余饭后闲聊等小型社交需求，可以成立小型"乡村会客厅"，通过设计绿化景观等打造微型邻里交往空间。在实现邻里空间场所齐全的背景下，未来乡村也应完善邻里公共空间、场地的配套设施，通过增加路灯、景观灯带、休息座椅、象棋盘桌、健身器材、直饮水管等满足不同年龄群体、不同场域功能的基本配置。

第二，满足邻里生活需求，建设现代的邻里空间。满足邻里生活需求是提升居民幸福感、获得感的重要举措，也是建设温馨文明乡风的物质基础。未来乡村要满足村民邻里安全需求、生活物资需求、公共服务需求，全方位、各领域实现邻里空间的现代化。提升乡村人居环境的前提是保障乡村生活的日常安全。未来乡村要保证农村饮用水、农产品质量、房屋建筑质量等与村民生活密切相关的物品安全，保障村民的日常生活健康安全；也要针对村民定期宣传使用天然气、用电、消防、防诈骗等安全教育，持续开展地震、火灾、踩踏等安全演习活动，增强村民安全意识；更要从制度层面建立完备的防洪防汛、消防安保、防疫防控等监测预警和应急预防机制，提升乡村治安管理能力和应急防御能力。未来乡村要满足村民生活物资需求，就要实现城乡资源均衡调配，完善村民购物、餐饮、金融、电信等生活需求,通过智慧服务、智能化治理提升未来乡村人居环境的宜业宜居。未来乡村还要满足村民的公共服务需求,完善全年龄段的邻里空间配套设施。未来乡村要设立卫生室、医疗室,实现与大城市医疗系统的线上对接;完善居家养老服务网络,提升居家养老服务设施功能水平,探索老年人乡村养老的体系建设;提供残疾人自立生活、开展康复、参与文体活动的物质条件;建立高质量义务教育学习环境,培育高水平职业教育机构,为学生健康发展提供优质学习资源。

第三,强化邻里和谐关系,营造文明的邻里空间。精神文明建设是邻里空间构建的内核,加强乡村精神文明建设,营造温馨文明的邻里空间,需要未来乡村通过树立邻里精神、推动邻里互助来强化邻里和谐关系。未来乡村树立邻里精神要从培育邻里公约精神入手,通过依法完善村规民约和自治章程,达成公约群体认同,规范乡村群体行为。另一方面,未来乡村还需加强邻里互助精神培育,弘扬守望相助、邻里团结的传统美德,加强村民对困难家庭、独居老人、残疾人等帮扶的自觉性和主动性,实现邻里之间的人文关怀,强化邻里间的和谐关系。

邻里空间是未来乡村极为重要的空间类型,作为未来乡村乡风文明发生发展的物理空间,决定着乡村人文人居的发展空间。激活乡村邻里空间是培育未来乡村精神力量和文明风尚的重要举措,形塑着未来乡村人文人居的共同体形态。

第三节 未来乡村的产业经济形态

产业有两种类别的界定方式。在广义层面,产业约等于市场或行业;在狭义层面,马克思将产业定义为"任何按资本主义方式经营的生产部门",并认为"产业是社会分工和生产力不断发展的产物,随着社会分工的产生而产生,随着社会分工的发展而发展"[1]。西方经济学在此基础上扩展了产业的概念,将非物质生产部门和不按市场经济运作的社会部门纳入产业范畴。而今,人们广泛认可的产业概念[2]是指由利益相互联系的、具有不同分工的、由各个相关行业所组成

---

[1] 马克思. 资本论(第二卷)[M]. 北京:人民出版社,2004:63.
[2] 王耀德. 产业——在科技与社会之间[J]. 江西财经大学学报,2006(2):1.

的业态总称,尽管它们经营方式、经营业态、企业模式和流通环节有所不同,但它们的经营对象和经营范围是围绕共同产品而展开的,且可以在构成业态的各个行业内部完成各自的循环。

在对于产业的诸多研究中,乡村产业显然是一个长盛不衰的热点话题。作为一个农业大国,乡村兴则国兴,乡村衰则国衰。乡村产业经济是基于乡村自给自足经济发展提升而来的市场经济。其初期主要是指农业产业,包括种植业、林业、畜牧业、渔业等,后则泛指农村的第一、二、三产业。从过程来看,农产品生产、加工、流通,以及为此过程服务的配套产业,均含于乡村产业体系中;从区域范围来看,凡规划于农村范围的所有产业均属于乡村产业经济范畴。

产业振兴是未来乡村建设的重中之重。未来乡村建设必须有产业支撑,立足乡村最美底色,既要探索出一条现代化的农业发展之路,更要在坚持绿色发展、低碳发展的前提下,筑巢引凤,广纳人才,促进农业农村三产融合,构建农旅发展新格局,做强乡村产业,促进共同富裕。当然,未来乡村的产业形态也绝非脱离实际谈发展,将所有村庄打造得"千村一面",而是要结合当地资源禀赋和产业特点,创新乡村经营模式,推动传统乡村产业与新兴产业、数字经济、共享经济融合发展,实现未来乡村的永续发展。

建设未来乡村,打造未来产业是关键。若是没有坚实的产业作为支撑,未来社会治理形态、未来人文人居形态、未来党建治理形态都将无所依托,沦为无源之水、纸上空谈。因此,我们必须积极培育优质产业、创新经营模式、拓展新业态,未来乡村建设之船才能扬帆起航、乘风破浪。

一、培育现代农业,促进农业产业提质增效

农业是乡村经济的基础,也是人类生存发展的基础,关乎整个国家的发展,推进农业现代化是未来农村发展的重要任务。引人深思的是,我国明明是依靠农业绵延两千载,养活无数中华儿女的"农业大国",农业却始终大而不强,原因在于基础设施薄弱,生产技术装备水平、生产力水平都较为低下,农产品供求结构性矛盾突出,农业产业链单一,农民增收困难,反而迫使他们不得不"离农"另谋生路。

| 浙江省未来乡村建设的探索与实践 |

未来乡村发展离不开农业，推动农业现代化转型、促进农业产业提质增效就成为未来乡村产业振兴的重中之重。为使"农业大国"大踏步迈向"农业强国"，一方面要抓主体，积极培育一批懂农业生产知识、有先进经营理念的从事现代农业活动的生产经营主体。另一方面要抓技术，引进先进的农业技术和管理方法，将其运用于农业生产、经营、销售等各个环节，深入贯彻供给侧结构性改革，提高农业生产效率和质量，促进农业产业升级和转型，充分满足消费者的购物需求。

首先，培育现代农业生产主体。在很长一段时间，中国农业以男耕女织的小农户形态为典型代表，"你耕田来我织布，夫妻双双把家还"，一男一女组合成的家庭，便是传统农业生产主体。按照性别进行分工，依靠勤劳的双手自给自足，在生产力相对落后、生产工具极其原始的时代，确实能够满足人民的基本生活需要与安土重迁的稳定需要，也成为中华民族绵延数千载的重要原因。但随着传统社会向现代社会转型，越来越多的人离开土地，在第二、三产业创造不平凡的业绩，农业生产已从全家的经济支柱，逐渐变为打发时间的休闲方式，生产主体发生极大转变。更有甚者，大量村庄土地荒置、人口流失，成为"空心村"，不仅造成资源浪费，而且14亿多人口的"菜篮子""米袋子"无法得到保障。仅依靠过去的男耕女织的生产效率低下的农业生产方式，已难以满足人们对粮食蔬果的需求，更遑论现代人追求的是"有机粮""绿色菜"。因此，未来乡村的农业产业离不开现代化的农业生产主体，实施科技强农、机械强农行动，首先要做的就是培育一批懂科技、有先进经营理念的现代农民。当然，现代农业经营主体也不局限于农民，农业龙头企业、农民专业合作社、家庭农场、农创客和农业服务组织都可以成为农业生产经营的主体，各主体之间共同承包、合作共赢，提升农业生产效率，全面推进农业高质量发展。

其次，推广先进农业生产技术。马克思认为："机器是推进农业生产率，缩短一种商品生产上必要的劳动时间的最有力的手段。"[①] 先进的农业生产技术贯穿于农作物培育的各个环节，将智能与高效展现得淋漓尽致。第一，农业种植技术现代化。利用物联网、云计算和大数据等技术，通过安装传感器和监控设备，

---

① 马克思. 资本论（第一卷）[M]. 中共中央马克思恩格斯列宁斯大林著作编译局，译. 北京：人民出版社，2018：430.

如精准农业、智能化农机、数字化大棚等,可实时采集生产过程中的各项数据,监测土壤湿度、气候条件和作物的生长情况,为农民提供精准的农业生产指导和决策支持,方便其对农场进行精准调控,提高农业生产效率;第二,农业灌溉技术现代化。水肥是植物生长的必需因素,在农业生产中水肥的施加颇为频繁,耗时耗力,而现代农业灌溉技术的使用,则使灌溉更加智能高效。如无人数字配肥系统、智能水肥配肥系统等,可以依靠物联网智能感知、自动化控制技术,根据灌溉区域的含水量、含肥量等情况,自动执行灌溉策略,极大地节约了人力成本;第三,农业收割技术现代化。过去农业收割依靠镰刀和双手,抢收抢种可谓是一年中最忙的时节。而今驾驶收割机在稻田里来回穿梭,便如同按下"快捷键",切割、脱粒、粉碎稻秆等工序一气呵成,农户只需要负责搬运稻谷,机械化收割方式最大限度地提高了收割效率,一天收割上百亩不是难事。

再次,加大产品质量监管力度。对于现代农业而言,如何在提高生产效率的同时兼顾高品质,满足现代人对绿色产品、有机产品的需求显得尤为重要。一方面,推动农产品规范种植,从源头保证品质。充分利用现代信息技术成果为农业发展提供精准化生产、可视化管理、智能化决策分析等支撑。加强农作物品种选育与产业化,促进种植业产品标准化、布局区域化。大力发展智慧农业,抓好重要农产品保供和品质安全,不仅可以提高生产效率和作物品质,还减少了水资源的浪费和农药的使用;另一方面,建立健全的农产品质量检测体系,可以提高农产品质量和安全水平。健全的农产品质检体系需要软硬兼施,制定生产质量管理规范等条例,通过硬性手段保障农产品质量,而建设数字化管理平台,包括中控管理系统建设等,则是软性地从需求侧倒逼生产方提升农产品质量。同时,创新质量监管方式,例如"共享车间"的应用,将加工、仓储共享,利用企业富余产能,为农民规范加工农产品,既能减少农民的加工设备投入,又能提升加工品质。

最后,农业经营销售数字化。利用互联网、计算机、媒体等信息技术,加快发展乡村电子商务、快递物流等现代乡村服务业,做大做强农产品加工流通业,深入实施数字乡村发展行动,推进"数商兴农"农产品出村进城功能,完成农产品的销售、购买和网上支付的业务过程,打通农创商品运营的全生命周期、全链条环节。通过电商平台和直播销售等方式,将当地优质农产品推向全国甚至全球市场,同时,通过线上线下结合的营销模式,可以更好地与消费者进行互动。坐在家中,点点手机,各种销售信息便会如潮水般主动推送到农民手中,市面上流行什么,趋势怎么样,再也不会两眼一抹黑,农民可以根据市场需求,进一步改进产品和服务,也可以通过新媒体平台,将农作物情况及时反馈给消费者,吸引他们前来购买,帮助农民实现增收。

作为第一产业,农业是国民经济的基础,也是我们的衣食之源、生存之本。未来乡村不仅不会轻视农业,反而会更加重视农业的意义与价值,促使农业由传统向现代转型,持续降本增效,将粮食安全牢牢把握在自己手里。

二、发展生态产业,坚持生态底色绿水青山

过去一个时代的教训告诉我们,先污染后治理的老路是走不通的,牺牲生态利益换取经济利益是短期且不可持续的,只会招来一系列恶果,经济发展绝不能以破坏生态为代价。未来乡村的产业经济形态将向绿色化、低碳化持续靠拢,秉持"绿水青山就是金山银山"理念,厚植绿水青山的生态底色,将"灰色经济"转型为"绿色经济",将"生态资源"转化为"生态资本","生态优势"转化为"经济优势",实现生态效益、社会效益、经济效益的良性互动。

纵深推进产业生态化、绿色化、低碳化是未来乡村可持续发展的关键。对于未来乡村而言,把环境整治和产业发展结合起来,沉睡的乡村资源就能被唤醒,在人与自然和谐共生中实现美丽生态、美丽经济、美丽生活有机融合,有助于打造美丽乡村,增强乡村人气和吸引力,也为产业培育提供新的机遇。

首先,坚持农业发展绿色化。党的十八大以来,中共中央高度重视绿色发展,未来乡村的农业经营模式应当响应国家政策号召,以农业供给侧结构性改革为主线,以绿色发展为导向,以体制改革和机制创新为动力,走出一条产品安全、资源节约、环境友好的农业现代化之路。一方面,要对现有农业产业进行生态化改造,转向绿色农业、生态农业和有机农业。加快农业绿色发展。深化"肥药两制"改革,加强畜禽养殖污染防控,扎实做好农业农村领域节能减排工作,大力提倡节约用水,积极发展太阳能、天然气、风能等可再生能源,优化电网、气网等基础设施布局,提高乡村生产生活的电气化、清洁化水平;推进农业节水

改造。严格耕地农业用途管理，更新升级农田灌溉泵站机埠、堰坝水闸，实现永久基本农田集中连片整治；发展有机农产品和生态旅游等绿色产业。另一方面，对新建的产业按照生态化要求建设，形成生态共生系统。大力培育乡村新业态，打造绿色发展的美丽产业。积极培育符合生态环境要求的产业，不产生废水，资源循环利用。引进全新栽培模式打造"绿色生产"空间，实现乡村产业现代化。支持乡村新产业新业态融合发展。提升农村建设用地使用效益和集约化水平，显化乡村土地资产价值，让资源变资产，使资金流入乡村，并且大力发展乡村集体经济，建立绿色特色农产品生产加工链条，通过绿色品牌培育，实现村民增收，提升村民生活品质。大力培育和壮大充满乡土气息的林下经济、水美经济，充分延伸产品多元价值，提升市场竞争力。

其次，坚持生态环境景观化。随着生活水平的不断提高，人们对于生态问题日益看重，绿色建筑、生态景观等理念逐渐深入人心。过去，我国乡村景观建设水平较低，缺乏科学性与合理性，效果凌乱，模仿城市痕迹严重，而在未来乡村，则是要通过对农村地区的景观进行改造和提升，打造宜居宜业宜旅的美丽乡村环境，让乡村之美富有灵魂和生气。一是全面保护和修复生态环境。严守生态保护红线，防止不合理的开发建设活动对生态的破坏，持续推进新增百万亩国土绿化行动，加强湿地保护修复，开展重要湿地生态补偿，加强水系和近岸海域生态修复，大力发展海洋"蓝碳"，增加海洋渔业碳汇功能，推动蓝色空间可持续发展，使绿水青山成为未来乡村最显著的标志。二是厚植绿色优势。全面摸底排查生态环境风险隐患底数，坚持问题导向，精准出击，以深化打好蓝天碧水净土保卫战为抓手，彻底消除制约生态环保的各类危害因子，守护好大自然的馈赠，推广"一村万树"做法，发展乡土树、珍贵树、彩色树、经济树，建设森林村庄。三是实施生态化改造。顺应每个乡村的山水肌理，按照自然生态与艺术文化充分融合的原则，因地制宜实施林相改造、水质提升等生态资源景观改造行动，增加绿化覆盖面积，修建根源、花坛、绿道等景观设施，既保留原始的本真，又保留时代的朝气，提升山水颜值和气质。

最后，坚持文化旅游生态化。文化旅游与生态产业具有与生俱来的关联性，将文旅与生态深度融合，不仅能开发更符合游客期待的产品，而且同时延伸了两大产业的发展空间，实现了文化效益和经济效益双提升。一是开发绿色文旅项目,将生态环保观念贯穿到文化旅游项目开发建设全过程,划定环保红线,最大限度地降低项目环境污染压力,重点包装和开发森林、湖泊度假、民宿等项目,增加产品供给,丰富产品内核。形成环境促进旅游、旅游反哺环境的绿色循环,建立以文化引领旅游,以旅游彰显文化的文旅融合系统。二是打造绿色低碳体验场景。秉持绿水青山就是金山银山的发展观念,发展特色村容村貌,弘扬乡村传统文化,探索建设低碳乡村或零碳乡村,以自然秀美环境、特色风土人情等吸引客源,不断丰富旅游新业态,依托生态资源,组织策划"春看花、夏避暑、秋观叶、冬赏雪"四季文化旅游观光项目。

在过去的发展中,人们常认为农村产业发展和生态环境保护难以兼顾。未来乡村将摆脱高耗能、低产出的产业模式,坚持绿色发展理念,打生态牌、走生态路、吃生态饭。统筹好生态环境保护与经济发展,正确处理生产、生活和生态三者的关系,整合资源,共融共生,坚定不移地践行生态美、产业兴、百姓富的发展新路,让农村"路子"更宽,农民"口袋"更鼓!

三、打造乡村景区,探索农旅融合高质发展

2023年2月,《中共中央 国务院关于做好二〇二三年全面推进乡村振兴重点工作的意见》(中央一号文件)发布,就乡村产业发展做出重要指示。文件强调,要推动乡村产业高质量发展、推进宜居宜业和美乡村建设,并提出要发展现代乡村服务业,培育乡村新产业新业态,重点包括乡村休闲旅游、乡村民宿提质升级、乡村基础设施建设、旅游景区、乡村旅游重点村一体化建设、数字化应用场景研发推广等项目。打造乡村景区,已成为乡村振兴的重要途径之一。

乡村景区化并不是绝对地把每个乡村都要创建成景区,而是要建立旅游化思维,用建设景区的标准建设乡村,用经营景区的理念经营乡村,用服务游客的方式服务新村民,将美丽乡村建设与旅游景区建设融为一体,用创造企业收入的视角创造乡村收益,坚持特色经营、品牌经营、品质经营等现代化经营理念,发掘乡村的内生优势与活力,实现共富。

首先,挖掘民风民俗,坚持特色经营。打造乡村景区,最重要的是特色,让乡村保留乡村应有的样子,而不是将其改造为披着"乡村"外衣的都市。"十里

不同风,百里不同俗",正是不同风俗习惯赋予乡村与众不同的魅力,游客来到乡村旅游,正是为了体验以往未曾感受到的风土人情。若用一个模子经营乡村,开同样的店,卖同样的产品,看同样的景色,将所有乡村改造得"千村一面",那将失去乡村的灵魂和风采。长此以往,旅客也将失去前往乡村旅游的兴趣和动力。因地制宜发展乡村特色产业,应当立足村庄的禀赋性、自生性和特色性,扬长避短,寻找符合自身发展需求和历史传承的建设切入点。一方面,发挥农村的原生优势,因地制宜地规划现代化牧区、渔区等养殖基地,培育现代化农牧业。培育"生态"卖点,按照"人无我有、人有我优、人优我特"的思路,立足本土资源开发文化旅游产品,深入挖掘生态资源和特色农产品的"闪光点"。把生态资源优势变为经济优势,将农业生产活动与旅游相结合,建立原生态绿色产品生产供应链,构建旅游引导的农业示范区,大力发展旅游文化产业,如休闲农业综合体、现代牧场养殖基地、农牧循环示范项目、综合性海洋/农牧文化休闲度假区、生态农庄、生态农业产业园、农业观光项目等。另一方面,持续挖掘地方特色,从各自发展现状、区位条件和资源禀赋出发,着力体现一村一特色,打造特色场景。基于区域资源条件和文化特色,以村落、郊野、田园等环境为依托,以A级旅游景区标准规划提升住宿、餐饮、休闲娱乐设施,打造乡村旅游景区,如田园综合体、乡村度假村、古村古镇、传统村落保护等。

其次,塑造乡村品牌,实现品牌经营。品牌是当今社会的核心竞争力,作为一种标志,在人们的潜意识当中种下一颗记忆的种子,当人们一看到这个品牌时,便会产生一系列联想,甚至是信任。未来乡村景区的打造离不开品牌,若是没有几个独树一帜的产品,便无法彰显本土特色。实施文化产业赋能乡村振兴计划,应当大力建设乡村品牌。其一,培育乡村新产业,打造产旅IP。产业是乡村之本,打造产旅IP,能够引领乡村核心特色塑造与品牌价值焕新,进而从推动置顶的品牌形象,到项目IP、美食IP、场景IP、节庆IP、文创乡创农创IP等系列创新,形成体系化、矩阵式的产业IP体系,从而促进农业农村一二三产业与文化旅游IP深度融合。开发"乡愁+创业"特色场景,线上线下联合培育"老街+美食""老街+民艺",发展乡愁经济,围绕当地特色产业开发不同系列的文旅产品。其二,打造特色民俗文化活动,塑造乡村品牌。保护和发掘当地文化遗产,支持乡村地区打造区域公用品牌,深入实施农耕文化传承保护工程、加强重要农业文化遗产保护利用，打造有特色的民俗文化活动，可以增强民族团结意识和文化自信，进而塑造乡村品牌，提高乡村活力和形象，如泉州浔埔女簪花、贵州千户苗寨起鼓仪式、云南侗族歌会等，将民俗文化与品牌挂钩，让游客一看到美好的风俗便会联想到乡村，进而萌生百闻不如一见、亲自走走看看的想法。

最后，提升服务质量，强调品质经营。俗话说，"好口碑胜过黄金"，随着乡村新基建时代的到来，乡村基础设施建设越来越强调品质化提升，"旅游化"的公共服务成为关注焦点，在提升基础设施品质的同时，通过旅游节点优化、网络式引导、主题化贯穿，实现价值转化，还能带动区域品牌的提升以及沿线产业发展。乡村旅游服务的高品质经营离不开数字化平台的支撑。在乡村景区建设之初，便可通过大数据、云计算等技术手段，对乡村旅游市场进行深入调研，对潜在目标客户精准画像，明确产品定位。而在游客的旅行过程中，更需为他们提供便捷的信息和服务，将每个步骤考虑到位、做实做细。游客们可以通过手机App或电子导览系统获取景点的介绍、线路规划和参观须知等信息，随时随地获得全面旅游指导。当出现人员、停车趋向饱和的情况下，平台可以向周边基站及时发布警示信息，劝导游客错峰或更改行程计划。同时，推出电子支付系统，让游客可以方便地进行支付和消费，为游客提供更好的旅行体验，让每位游客都有被妥善考虑的宾至如归之感，从而产生多次旅游或向亲朋好友推荐的想法。

乡村景区化突破了乡村发展的传统思维，有助于打造"一村一景、一村一业、一村一品"的乡村旅游格局，在推进乡村高质量发展、建设乡村新基建、培育乡村新产业、激活乡村新活力等方面将发挥巨大作用。

四、推进产村融合，实现优势互补共建共富

产业融合是现代产业发展的基本趋势，推进乡村产业融合是建构现代乡村产业体系，实现乡村产业振兴和高质量发展的重要途径。产村融合并不仅仅是简单的产业叠加，而是基于自身资源禀赋条件，以及消费市场需求，对乡村功能进行重新定位，推动传统乡村产业与新兴产业、数字经济、共享经济融合发展，实现跨产业融合、跨区域资源整合与生产优势互补。

产村融合有两个方向：第一是产业的纵向融合和一体化，如农业前后两端延

第五章 未来乡村的未来展望

伸,打造全产业链,构建贯穿农业生产全过程、全方位的产前、产中、产后服务体系;第二是横向融合和一体化,包括农业与二、三产业的融合和一体化,"生态+文创""生态+治理""生态+开发",也包括农村其他产业之间的深度融合。也可以实现跨区域融合,如县村、企业内部产业融合。产村融合水平的高低,直接决定乡村项目的建设水平、盈利能力和可持续发展的动能大小。

首先,产业升级,催生产村融合新业态。乡村产业的振兴需要新业态的不断涌现。作为一种新型经济形态,新业态是以市场需求为导向,从现有产业领域衍生的新环节、新活动。农村产业融合通过技术创新和模式创新,将不断催生众多的新产业新业态。一是农业内部交叉融合模式。以农牧结合、农林结合、循环发展为导向,调整优化农业种植结构,加快发展循环农业、生态农业,实现产业发展与农民增收相统一。如农业产业园、农产品加工示范基地及其他产业化经营项目,包括经济林及设施农业种植,畜牧水产养殖等种植养殖基地项目;二是农业产业链延伸模式。以乡村优势产业为依托,由单一产业转变为产业链,形成种植、生产到销售的完整的一体化链条,强化产业优势,形成集聚效应,增加农产品附加值,加速产业带动乡村经济发展,提高乡村经济整体效益和可持续性,如农产品精加工、多元化销售渠道、储藏保鲜、产地批发市场等;三是农业多功能拓展模式。依托当地生态资源、历史文化资源,促进片区产业联动,加快三产融合、产村融合,完善利益连接机制,实施品牌强农战略,丰富农村特色业态,拓展农民增收渠道。如农家乐民宿、休闲农业、电子商务、养生养老、文化创意、运动健康、乡村旅游等。

其次,培育集群,打造产村融合新载体。产业融合是一种涉及多个领域和多个层次的全方位整合,不仅可以在一个城市或县级范围内实施,还可以在一个乡镇乃至整个村落范围内进行。目前,我国城乡二元结构仍然严重制约着农业现代化进程,而农村一二三产深度融合则能够为解决这一问题提供重要思路。因此,在推动乡村产业未来的复兴过程中,各个级别的行政单位自然而然地变成了产村整合的空间平台。从目前我国各地推进产村融合的实践来看,主要集中于"一核一带四区",即核心城市核心区、中心城区、中心镇、特色小镇以及农村地区等区域。然而,产村作为一种经济活动,它具有明确的聚集和发展模式,并显示出超越特定行政界限的特质。目前,我国还存在着一些不利于产村融合的因素,如政企不分、行政壁垒等阻碍产村融合的制度安排。为了促进产村的高质量融合发展，迫切需要打破城乡分割和行政区划的限制，根据产业集聚和融合发展的规律，创建一系列有助于产村深度融合的新载体。目前我国已形成多个区域层面上的产村融合实践案例。在过去的几年中，农业农村部在全国范围内已经尝试建立了多个现代农业产业园区、产业与乡村融合发展的示范园区、有优势的特色产业集群、完整产业链的关键环节以及农村第一、第二和第三产业的融合发展的先导区域。目前，各地正在积极培育一批与当地实际情况相适应的特色鲜明的现代农业园区、产业集群或产业融合发展示范区。现代农业产业园、乡村产业集群以及产业融合发展示范园等，根据农村产业的集聚和融合发展需求，突破了行政区划的限制，成为未来乡村产业融合发展的新平台，有助于提高资源的空间配置效率。通过对其进行分析研究，发现它们存在着不同程度的问题，如缺乏整体规划，基础设施不完善，土地流转困难，农民参与度不高，园区功能单一；等等。但是也可以看到，以农业产业集群、乡村旅游产业集群、农产品加工产业集群为中心的乡村产业集群，强调跨村联合、连片建设，突破单村建设发展的困境，积极探索地理位置相近的多个村片区化联合建设，实现优势互补、资源共享、产业共谋、项目共推，将"一村富"转变为"村村富"，"一处美"变为"处处美"，这是推动农村产业高质量融合发展的有效空间载体。

最后，村企合营，构建产村融合新模式。积极践行"经营乡村"理念，推广强村公司做法，由"生产生活"向"乡村经营"转变，探索建、投、管、运一体化管理新机制，通过村企合作、股份众筹等多种方式，打造投资主体多元、运营团队专业、利益联结紧密的村庄经营新模式，激活一方产业，富裕一方百姓，振兴一方乡村。深化"村企共建、以企带村"发展模式，与回归企业合作，按照"企业出资、村民入股、专家培育、集体收成"的模式，村企共建做强产业引擎，为村民提供就业岗位，实现集体经济和村民收入"双丰收"。利用线上线下平台售卖本村农产品，公司管接单，村集体负责收购。乡镇所在地及周边村庄通过提升基础设施和公共服务水平，有序集聚人口，就近培育农创、文创或科创等乡村产业，促进产村人融合发展。农村产业融合的关键，是使各融合主体形成一个发展共同体，这种发展共同体实质上是一种共享型的产村融合新模式。所谓共享，就是各融合主体要公平合理地分享产业链增值和融合发展利益。目前，各地在推进农村产业融合的过程中，通常采取"公司+农户""公司+合作社+农户""电商+合作社+农户"等方式，构建形式多样的利益联结机制，如"订单收购+分红""土地流转+优先雇用+社会保障""农民入股+保底收益+按股分红"等，有力地促进了农民持续稳定增收。

众所周知，农业本身就具有多功能性，不仅具有生产功能，也有生态保护、文化传承等功能，每种功能都可以衍生无限可能。对于未来乡村而言，产村融合化是其产业发展的重要趋势，也是实现资源整合与优势互补的重要手段，必须推进产业融合向纵深发展，充分挖掘乡村的经济潜力。

第四节　未来乡村的党建治理形态

党建是党的建设的简称，广义上讲是中国共产党为保持自身先进性、纯洁性而进行的一系列的学习与实践活动，既包括党的自身建设，如党的政治建设、思想建设、组织建设、作风建设、纪律建设、制度建设、反腐倡廉建设等，也包括党领导下的治国理政，从这一内涵来讲，党的建设与国家治理紧密连接。党建与治理深度融合，将进一步整合、激活基层治理力量，以鲜明的党性与实践性发挥党建引领的重要作用，提升基层治理能力与水平，全力推进基层治理体系和治理能力现代化建设。[①]

作为国家治理体系的重要组成部分，乡村是国家治理体系和治理能力现代化的前沿阵地。党作为乡村治理效能提升的关键主体，党建则成为提升乡村治理效能的重要武器和全面建设社会主义现代化国家的重要保障。建设人本化、生态化、数字化的未来乡村，实现乡村社会融洽宜居、经济产业兴旺发达、乡风文化繁荣兴盛，必须坚持以党建为统领，将党建引领贯穿未来乡村建设的各环节、各要素，充分发挥"党政军民学，东西南北中，党是领导一切的"领导核心作用，塑造未来党建引领乡村治理的崭新形态，实现以高水平党建实现未来乡村高效能治理，助推未来乡村健康可持续发展和乡村全面振兴。

---

① 张瑞. 党的十八大以来党建理论的新发展［EB/OL］.（2023-12-02）［2024-02-10］. http：//dangjian.people.com.cn/n1/2023/1129/c117092-40128009.html.

| 浙江省未来乡村建设的探索与实践 |

未来党建治理是未来乡村的重点工程，需通过加强党的自身建设，优化党的执政能力，实现对乡村治理工作的有效领导。未来乡村的未来党建治理将以人民群众更高层次、更高水平的需求为核心，以美丽乡村、数字乡村、共富乡村、人文乡村、善治乡村的融合升级为目标，以党建引领基层治理为重点，从政治引领、组织引领、社会引领、制度引领全方位塑造党建治理的新形态，落实把稳党建治理发展方向、建设治理型党组织、培育乡村治理多元主体、完善党建工作机制等重点工作。未来乡村是未来乡村社会形态、未来人文人居形态、未来产业经济形态、未来党建治理形态的有机统一，四者相互影响、缺一不可。未来党建治理形态作为未来社会治理形态、未来人文人居形态、未来产业经济形态的坚实保障，必须塑造好、实现好，才能有力保障未来乡村建设行稳致远。

一、突出政治引领，把稳党建治理发展方向

党的领导是加强乡村治理体系，推进治理能力现代化的根本保证。加强党建引领基层治理首先要突出政治引领，在保障党性与政治性、实现党的领导的过程中，将乡村治理的制度优势更好地转化为治理效能，实现基层党建与基层治理的深度融合。

长期以来，中国共产党始终将政治引领作为全面从严治党的重要内容，通过思想教育、理论学习、实践培训等方式多措并举，提高政治觉悟，站稳政治立场，巩固党的领导地位。在基层党建目标治理体系中突出政治引领，就是要保障乡村全部工作都必须在党组织的领导下进行，保障党组织的领导地位，发挥党组织的政治功能。发挥政治功能是党组织的职责任务、价值体现，是党的使命所需和命运所系，可以保证党的路线、方针、政策在未来乡村建设中落地落实，实现未来乡村经济社会文化等各项事业的有效推进。政治引领力是中国共产党领导力的核心力量，基层党组织通过树立坚定的政治信仰，坚持正确的政治方向，涵养健康的政治生态，锤炼强烈的政治担当，提高过硬的政治能力，进而以精准的政治判断力、敏锐的政治领悟力和强大的政治执行力把稳未来乡村治理的发展方向，谋划未来乡村工作的发展全局，以正确方向指引正确的建设道路。

未来乡村的党建治理将突出政治引领，以精准的政治判断力，为乡村治理研

判发展方向。政治判断力是党对未来乡村治理工作进行宏观指导的能力前提,能够科学高效地把握发展形势、识别现象本质以及预判规避风险。把握发展形势是未来乡村治理工作的基本出发点,只有洞察世界形势、国家形势,科学研判地方发展形势,未来乡村治理才能拥有方向感,既不走封闭僵化的老路,也不走改旗易帜的邪路,治理工作的判断、抉择才不会出错,基层党务工作才能不犯政治错误。识别现象本质是未来乡村治理工作化繁为简的关键,有效区分现象与本质、主要矛盾和次要矛盾、矛盾的主要方面和次要方面,在未来乡村治理工作中做到透过复杂现象把握矛盾本质,顺着细枝末节把握发展全局,观察偶然性问题揭示必然性规律,为乡村发展提供清晰路线。预判规避风险是未来乡村治理工作稳步推进的关键,预判风险、把握风险走向,进而规避风险是未来乡村有效抵御风险必须锻炼的能力,做好发展与安全的统筹工作,保持高度的危险敏锐性,时时牢记居安思危,树牢发展的安全防线。

未来乡村的党建治理将突出政治引领,以敏锐的政治领悟力,为乡村治理优化发展思路。政治领悟力是未来乡村建设实践的重要先导,要学深悟透党中央精神,将理论化为工作方法,始终保持与党中央的高度一致。良好的政治领悟力,体现为未来乡村领导干部理论基础扎实、政治思维敏捷、政治头脑清晰,能够实现党建工作与乡村工作的有效衔接,实现"一加一大于二"的治理效果。学深悟透党中央精神,学习领会党的创新理论是未来党建治理突出政治引领的重要体现。学习领会习近平新时代中国特色社会主义思想作为学习领会党中央精神和党的创新理论的重中之重,要自觉主动学、及时跟进学,在常学常新中加强理论修养,通过科学世界观、人生观、价值观,以科学的思想方法、工作方法实现未来乡村有效治理。理论与实践相结合,是关乎未来乡村治理改革创新、开创新局面的关键。未来乡村的未来党建治理将把党的创新理论、大政方针、决策部署等与工作经历、实践经验有机结合,以解决实际问题的成效为衡量标准,把研究乡村发展问题作为着眼点,不断优化未来乡村治理思路、发展思路。

未来乡村的党建治理将突出政治引领,以强大的政治执行力,为乡村治理落实发展规划。政治执行力是未来乡村党建治理效能的深刻体现,是领会政治意图、落实政治要求、达成政治目的的实际能力,必须强化责任意识,坚持底线思维和问题导向。提高政治站位,就要用习近平新时代中国特色社会主义思想武装头脑、指导实践、推动工作,自觉增强思想淬炼、政治历练和实践锻炼。把准政治方向,就是要时常同党中央精神对标对齐,坚决响应党中央对于乡村治理的号召,不折不扣地贯彻执行党中央决策部署。站稳政治立场,就要坚持和加强党的全面领导,不断提升政治忠诚度、政治责任感和政治敏锐性,自觉做到"两个维护"。强化责任担当,就是要乡村治理工作坚持"功成不必在我,功成必定有我"的精神境界,知责于心、担责于身、履责于行,勇于担当作为,积极进取奋进。坚持底线思维,要做到防微杜渐、见微知著,增强忧患意识,充分认识乡村治理的困难性与曲折性。坚持问题导向,就是要善于发现问题,敢于正视问题,勇于解决问题,在解决实际问题的过程中推动乡村治理工作的创新发展。

方向性治理是党建引领未来乡村治理的基本工作内容,处于高屋建瓴的战略地位,决定着未来乡村党建治理的道路选择,深刻影响着未来乡村的党建治理效果。突出政治引领,把稳未来乡村党建治理的发展方向,是未来党建方向性治理的呈现样态。

二、强调组织引领,实现党建治理优势集群

未来乡村建设始终坚持"党建统领"的基本要求,着眼于充分发挥基层党组织的领导核心和战斗堡垒作用。因而在未来乡村的未来党建治理中,必须强调组织引领,内向聚合党员形成优势集群,将党的领导的制度优势顺利转化为乡村党建治理的行动优势。

强调组织引领,关键在于如何深入推进治理型党组织建设,通过加强基层党组织的治理能力和水平,提升乡村治理的效率和质量。推进治理型党组织建设,要着重加强党组织治理体系建设,盘活党组织内外治理资源,发展聚合党员力量优势。打铁必须自身硬,想要实现这些升级的、复杂的治理设想,需要以未来乡村的基层党组织加强自身建设为前提。只有充分发挥党员先锋的模范作用,始终保持党组织内部向上向好活力,营造党内良好的政治生态,持续性开展党风廉政建设,提高干部素质,规范党员行为,落实群众监督,丰富党员服务群众载体和能力,不断推进党组织的自我革命,未来乡村的党建治理才能拥有坚实的发展基础和组织保障。

第五章 未来乡村的未来展望

未来乡村的党建治理将强调组织引领，加强党组织治理体系建设，推进治理型党组织建设。加强党组织治理体系建设，是实现社会治理精细化目标，提升乡村党建治理效能的应有之义。通过健全完善创新基层党组织治理体系，实现治理工作上下贯通、执行高效，使党的领导"如身使臂、如臂使指"，打通乡村党建治理的"最后一公里"。加强党组织治理体系建设，需要依据主体要素、环境要素、媒介要素、动力要素、评价要素形塑治理体系的基本构架，建立以多元的治理主体、稳定的治理动力、科学的治理方式、持续的治理评价为内核的运行体系。加强党组织治理体系建设，重点在于如何实现党组织治理体系的创新完善，关键在于乡村治理实现网格化管理，建立共通的信息处理平台，借助信息化、智能化的东风，打破治理信息壁垒，统筹安排党建、社保、民政、卫健等各项事业，聚合人力物力，实现党建工作内容全覆盖，党建指导治理工作全过程。同时，未来乡村网格化管理，应该全面构建工作管理体制，实现专事专管，专人专责，统筹管理，权责明确，落实以党员包户制度为基础的"党委抓支部、支部管党员、党员带群众"工作机制，实现党建治理的全面性和针对性。

未来乡村的党建治理将强调组织引领，盘活党组织内外治理资源，推进治理型党组织建设。资源多寡是影响乡村基层党组织引领未来乡村治理有效推进的现实因素，人力、资金、技术、市场、政策等都是直接影响乡村治理建设效果的重要内容。坚持组织引领，重点盘活党内外治理资源，应以乡村党组织为圆心，不断吸引整合人才资源、市场资源、资金资源、政务资源、环境资源等，因地制宜开发特色产业，积极争取公共项目资源，通过招商引资丰富产业、资金、市场和人才，实现乡村年轻化。在丰富未来乡村资源的同时，需要实现未来乡村党建治理的资源流动。未来乡村可以通过组织共建、活动关联、资源共享等方式，推动共建单位党组织积极参与乡村治理工作，鼓励党建共同体、综合体等联盟形式，密切村落间的沟通联系，联通企业与乡村沟通渠道，畅通市乡村联动指导，以党建链为纽带整合各方力量，统筹推进治理工作，解决乡村发展中遇到的实际问题。

未来乡村的党建治理将强调组织引领，发展聚合党员力量优势，推进治理型党组织建设。充分发挥党组织的组织引领力关键在于借助党员群体的智慧和力量，不断聚合党员优势力量，持续发展党员群众。首先，应当充分发挥体制内党员的先锋模范作用,建立党员名册清单,明晰所辖范围党员群体的优势特长,以党建服务项目精准对接现实需求;其次,应当充分发挥其他工作单位党员及离退休干部、职工中的党员的潜在力量,以信息化服务平台实现党员沟通、服务认领等,划分责任层级与范围,针对离退休干部、职工中的党员提供活动场所、指导等相关支持,帮助其充分发挥年龄与阅历优势;最后,在组织发展方面,基层党组织要注重在乡村优秀青年中发展党员,积极为党发现人才、培育人才,不断壮大乡村治理人才队伍,重视党员发展工作,制订年度发展计划,优化党员结构与质量,健全党员教育培养体制机制,通过宣传思想工作和教育实践活动,培养农村先锋人物和青年人才的政治信仰,不断吸纳优质人才进入党组织,丰富乡村党建治理工作的人才库。

三、加强社会引领,形成党建治理多元格局

社会自治强调"把国家政权从统治社会、压制社会的力量变成社会本身充满生气的力量"[1],也就是说要动员最广大的乡村建设力量,激发乡村治理内生动力,形成多元治理格局,使社会性事务在基层协商共治中得到有效解决。实现党建治理的力量优势,必须强调社会引领,搭建基层党组织、集体经济组织、社会组织、村民等共融分治平台,通过共创乡村治理机制、共商乡村发展需求、共绘乡村规划蓝图、共享乡村建设成果、共维乡村治理成效的治理路径,推动多元主体共同参与乡村治理工作,实现治理重心下沉,做到党建引领下的科学治理。

中国共产党自成立之初就认识到了集合不同群体,发挥群体合力的重要意义,无数实践结果充分证明共商共建共享是聚合资源,提升办事效率的重要内容,共商共建共享的社会治理制度是被历史验证、实践证明的符合我国国情、符合最广大人民群众意愿、符合社会治理规律的科学制度。社会引领是共建共治共享社会治理制度的内在要求,这就需要党组织不仅要持续强化在整个乡村服务体系中的核心地位,加强其在社会服务领域的政治领导,还要充分给予社会组织发展空间,积极探索村党组织领导下的未来乡村多方共建共治共享路径,科学引导

---

[1] 马克思,恩格斯.马克思恩格斯选集(第三卷)[M].中共中央马克思恩格斯列宁斯大林著作编译局,译.北京:人民出版社,2012:140.

村民广泛关注与参与乡村治理，规范引导集体经济组织和农村文体协会、志愿者协会、乡贤会等各类社会组织依法依规参与乡村治理。

未来乡村的党建治理将突出社会引领，巩固基层党组织的核心治理地位，筑牢乡村治理的坚实基础。组织兴，则乡村兴，组织强，则乡村强。基层党组织是确保党的路线方针政策和决策部署贯彻落实的基础，是乡村治理工作的"主力军"，也是群众工作的"主心骨"。这就要求未来乡村面对发展情况愈发复杂，参与治理主体愈发多元的环境，建立以自治、德治、法治三治融合为主要内容的乡村治理体系，选优配强基层党组织带头人，推动乡村党组织对村级各类组织、各项事务的领导权，建立健全乡村重大事项、重要问题和重要工作的党组织主导决策机制，推进基层党支部规范化建设，提升基层党组织的战斗力，充分凸显党在未来乡村发展中的领导核心地位。同时，乡村党组织应成为多元治理主体的"黏合剂"，以党建软实力，营造乡村治理开放包容的氛围，充分鼓励多元主体发挥优势作用。乡村党组织也应通过入户走访、温情帮扶、开展文体活动、落实民主协商等方式给予村民物质、情感和文化关怀，以人文情怀与乡村治理相融合的乡村伦理价值观念，实现以情治情的引领效应。

未来乡村的党建治理将突出社会引领，发挥各类社会组织的补充作用，实现乡村治理创新性发展。首先，将各类社会组织引入乡村治理工作，理顺党政社关系、村企关系，形成乡村治理多元格局，将实现良性合作式治理，提高治理效率。未来乡村的党建治理应当顺应乡村治理主体多元化的发展需求，推动社会组织体系的均衡全面发展，既要鼓励生活服务类、公益慈善类社会组织的蓬勃发展，也要推动市场主体在文化培训、生产技能、经济建设、生态治理等方面有所作为，使得各类社会组织各司其职，协同配合。其次，未来乡村的党建治理在引入各类社会组织参与的同时，也应促进社会组织的规范化管理、可持续发展，根据不同类型社会组织的特点，指导制定与之匹配的规范化、制度化的规章制度，保障社会组织参与乡村治理的规范性、有序性、合理性和合法性，实现放权与监督并行。除了引入外来成熟的社会服务组织外，未来乡村党建治理也应积极孵化植根本土的社会组织，如乡村红白理事会、志愿者服务协会、邻里互助会等，丰富群众参与乡村治理的途径，挖掘群众的自治潜力，保障群众的话语权。

未来乡村的党建治理将突出社会引领，激发乡村居民的"主人翁"意识，拓宽乡村治理的广度深度。这就要求乡村党建工作与治理工作重视法治建设，破除封建思想、家族观念和宗族意识等影响乡村治理工作的思想障碍，建立健全乡村规章制度，加大普法宣传力度，通过规章制度、村规民约、家风家训建设，提升群众的道德修养和法律意识，充分调动广大群众的自治积极性，为乡村居民实现自治提供先决条件。未来乡村的党建与治理相结合也要通过完善民主选举制度、村民代表会议制度、完善村级民主监督制度等，以制度的形式保障乡村居民的自治权利，充分发挥乡村居民自治在乡村治理中的基础性作用。在乡村治理工作中充分吸纳民意，发挥民智，激发群众参与乡村治理的热情，保障人民群众的监督权，才能增强群众对于治理工作、决策的满意度和信任度，增强群体归属感，强化共同体意识，使得未来乡村不仅在组织上实现集合，而且在情感上实现凝聚。

治理主体是党建引领未来乡村治理必须明晰的问题，影响着未来乡村党建治理的建设力量，对提升乡村党建治理效率具有重要作用。突出社会引领，形成未来乡村党建治理多元格局，是未来党建治理的主体呈现样态。

四、完善制度引领，健全党建治理工作体系

制度治党是中国共产党全面从严治党的治本之策，是管党治党的基本方式。制度的根本性、全局性、稳定性、长期性特征可以维护党建治理工作的稳定性、完善党建工作治理的体系。完善制度引领，是助力党建治理工作体系功能实施与构成运行的必然选择，建设好、维护好、发展好党建治理工作体系离不开制度的优势作用。党建治理工作体系的形成与运转必须加以制度性的规定、建设和保障，才能有效避免形式主义与昙花一现，真正将未来乡村党建治理工作落到实处。

未来乡村的治理工作是一个持续性发展的过程，只有在落实前期制度保障的基础上，不断将实践过程中得到的成果、经验等总结归纳并上升至制度层面，健全党建治理制度，丰富和完善党建引领的概念和规范，才能保障党建引领乡村治理的指导效果。完善制度引领，需从主体要素、动力要素、评价要素进行考量，建立健全未来乡村的干部任用制度、创新激励制度、考核评价制度，实现治理工

作从设想到落实的全方位、全过程保障。

未来乡村的党建治理将完善制度引领，健全干部任用制度，提升党建治理工作干部队伍整体素质。选人用人问题是乡村治理主体建设面临的首要问题。加强乡村干部党建队伍建设，必须坚持正确的用人导向，通过严格的用人标准和健全的任用制度，选拔德才兼备的干部，培养专业化的党建治理人才队伍。健全干部任用制度要求拓宽选人用人渠道，做到"不拘一格降人才"，除了在乡村内部发掘优秀人才，鼓励退役军人、大学毕业生、退休教师等返乡人员积极参与培养选拔，也可以适当突破地域限制，依靠乡村自身优势吸引人才、专家定居，不断为乡村党建治理的干部队伍输入新鲜血液。健全干部任用制度也意味着要完善干部任用管理制度，在广纳贤才的基础上提升干部队伍建设的规范化水平，完善党建责任体系建设，明确落实党建治理主体责任，建立党建治理责任清单、项目清单，建立高效的事务分流机制，力戒形式主义和官僚主义，切实减轻基层治理人员工作负担，通过减负提升乡村干部干事创业的动力，培养干部队伍务实的工作作风。

未来乡村的党建治理将完善制度引领，建立创新激励制度，提供党建治理工作创新发展的不竭动力。创新是引领发展的第一动力，党建治理创新需要制度给予自由空间。鼓励创新出现的关键是允许失败的发生，构建创新容错机制是完善创新激励机制的重要内容。一方面，对乡村治理创新工作出现的失误或问题，要包容性地看待，避免打击创新发展的积极性和创造性，防止组织内部出现"多做多错，不做不错"的懒政思想。另一方面，面对基层干部因各种因素出现的不敢为、不能为、不想为的问题，要积极辩证地看待，搞清问题出现的原因，明晰容错纠错的政策边界，营造包容向上的组织氛围，构建科学的容错纠错机制。鼓励创新需要资源的支撑，建立与之配套的奖励机制就成为完善创新奖励机制的重要体现。首先，奖励机制要满足基层治理工作者的物质需求，保障他们的福利待遇，为他们生活解决后顾之忧。其次，奖励机制应对工作表现优秀者进行正向激励，通过物质奖励、精神奖励等多种方式鼓励治理工作再接再厉，将考核结果落到实处，在组织内形成争先争优的良好氛围。

未来乡村的党建治理将完善制度引领，实行考核评价制度，实现党建治理工作体系的规范化运行。将乡村治理成效纳入党建工作考评范畴，建立以解决乡村实际问题、提升人民群众满意度为价值导向的党建治理考核评价机制，是促使党建治理落地落实的制度保障。实行党建治理考核评价制度，需要解决考核评价权归谁所有，考核评价指标依何而设的核心问题。党建治理考核评价权不能为行政主体独有，应实现考核评价主体的多元化，将社会组织、人民群众的意见反馈纳入评价体系，既是充分反映党性和人民性的重要方式，也是保障考核评价客观公正的重要方法。在坚持上级政府、党委的考核评估的同时，也要将考核评价权下放至基层党组织，提升乡村基层党组织的话语权，切实保障党建治理的真实性和长效性，全方位链条式考察党员在乡村党建治理中的表现。考核评价指标的科学性、合理性、可行性是衡量考核评价制度优劣的重要尺度。考核评价指标应以乡村党建治理现实为基准，全面、客观、历史、辩证地评判乡村治理成效，以乡村治理的时间纵向对比为主，以乡村治理的横向考察对比为辅，注重考核评价内容的可持续性与发展性。

保障问题是党建引领未来乡村治理无法回避的重要问题，影响着未来乡村党建治理的建设质量，对提升乡村党建治理规范化、精准化具有重要作用。突出制度引领，建立健全未来乡村党建治理工作体系，是未来党建治理工作的实践样态。

乡村唯有走向未来，乡村振兴才有希望。产业兴旺、生态宜居、乡风文明、治理有效、生活富裕，不仅是当前乡村振兴国家战略的总体要求，也是未来乡村发展建设的努力方向。相信在全国各族人民携手共进、奋力拼搏之下，未来乡村的蓝图将在有朝一日变为现实。

参考文献

［1］马克思，恩格斯．马克思恩格斯选集（第三卷）［M］．中共中央马克思恩格斯列宁斯大林著作编译局，译．北京：人民出版社，2012．

［2］马克思．资本论（第一卷）［M］．中共中央马克思恩格斯列宁斯大林著作编译局，译．北京：人民出版社，2018．

［3］文思敏．广东省惠州市农村人力资源开发研究［D］．长沙：中南林业科技大学，2016．

［4］周毅．成都市发展现代农业的金融支持研究［D］．成都：西南财经大学，2009．

［5］王伊吕．马克思主义视域下的中国农业现代化路径研究［D］．长沙：长沙理工大学，2021．

［6］傅琳．长三角16城市统筹城乡发展一体化能力的实证比较研究［D］．上海：上海海洋大学，2015．

［7］孙晗洁．"两山"理论指引下的浙江美丽乡村建设实践研究［D］．杭州：浙江理工大学，2022．

［8］王兆雄，吴圣寒．改革开放四十年浙江"三农"发展成就［J］．统计科学与实践，2018（12）：16-19．

［9］李冠宇，吴圣寒．奋力推进乡村全面振兴打造现代版"富春山居图"［J］．统计科学与实践，2021（7）：14-17．

［10］晁增霞．重庆市统筹城乡发展中农村宅基地流转问题与政府行为研究［D］．重庆：重庆大学，2010．

［11］常丰镇．浙江省共同富裕时空演进及发展策略研究［D］．杭州：浙江大学，2022．

[12] 党浩. 统筹城乡发展视域下美丽乡村建设的浙江实践及启示 [J]. 浙江理工大学学报（社会科学版），2018，40（2）：206-212.

[13] 王国灿. 浙江省美丽乡村建设的成果与启示 [J]. 低碳世界，2017（1）：257-258.

[14] 严力蛟. 浙江未来乡村建设的探索与思考 [J]. 新农村，2022（6）：5-7.

[15] 叶菡，王旭. "溢出-反哺-共生"价值链视角下区域共同富裕实现路径研究——以龙游县"一镇带三乡"区域共富模式为例 [J]. 金华职业技术学院学报，2022，22（5）：81-87.

[16] 江盈盈，叶佳欣，孙文煜. 数字化改革背景下乡村未来社区建设路径研究——以浙江省龙游县溪口乡村未来社区为例 [J]. 农村经济与科技，2022，33（3）：231-234.

[17] 沈晶晶. 浙江省未来乡村建设研究——以梅林村为例 [J]. 农场经济管理，2023（6）：47-49.

[18] 孙叶玲. 浙江省未来乡村建设研究——以奉化滕头村为例 [J]. 特区经济，2022（9）：52-55.

[19] 浙江省人民政府办公厅关于开展未来乡村建设的指导意见 [J]. 浙江省人民政府公报，2022（Z4）：28-32.

[20] 浙江省人民政府下发《关于开展未来乡村建设的指导意见》（摘编）[J]. 新农村，2022（3）：3-4.

[21] 俞进湖，周明畔. 抓住产业发展"牛鼻子"打造共同富裕新模式——以湖州市南浔区旧馆街道港廊片区未来乡村建设为例 [J]. 浙江国土资源，2023（6）：24-25.

[22] 杨旭斌，曹静怡，黄好. 以未来乡村建设深化"千万工程"的科学依据和实践路径分析 [J]. 浙江农业科学，2023，64（7）：1617-1623.

[23] 吕超群. 乡村未来社区建设影响因素与发展路径研究 [D]. 杭州：浙江大学，2022.

[24] 傅柏勇，沈婷婷. 基于未来社区理念的社区数字化场景建设研究 [J]. 建设科技，2023（6）：18-21.

[25] 王永，杨逢银，徐华丰，等．未来社区低碳场景下垃圾分类数字化建设初探——以杭州市临平区东湖街道海珀社区为例［J］．浙江建筑，2022，39（S1）：54-57．

[26] 杨宗辉，刘秀峰．南孔圣地擘画乡村未来画卷——记浙江衢州乡村"未来社区"创建［J］．农村工作通讯，2021（11）：42-44．

[27] 张凯月．杭州市未来乡村建设现状及启示［J］．乡村科技，2022，13（22）：9-12．

[28] 苗延义．村落传统的发现与再造［D］．长春：吉林大学，2022．

[29] 严力蛟．对杭州未来乡村及其产业发展的几点思考［J］．杭州，2022（8）：34-39．

[30] 吴杨．未来乡村文化场景建设研究——以杭州市黄公望村为例［J］．上海农村经济，2023（6）：43-46．

[31] 刘超，吴孝祖，蔡丽悦．一场通向未来的乡村实验——浙江省杭州市余杭区积极构建可持续生态保护补偿机制［J］．资源导刊，2022（12）：56-57．

[32] 李承真．"未来社区"建设中存在的问题探讨——以浙江衢州莲花乡村国际未来社区为例［J］．农村经济与科技，2023，34（16）：168-171+199．

[33] 杨宗辉，刘秀峰．南孔圣地擘画乡村未来画卷——记浙江衢州乡村"未来社区"创建［J］．农村工作通讯，2021（11）：42-44．

[34] 田毅鹏．乡村未来社区：城乡融合发展的新趋向［J］．人民论坛·学术前沿，2021（2）：12-18．

后 记

"民族要复兴，乡村必振兴"。乡村振兴战略是党的十九大作出的重大决策部署，是决胜全面建成小康社会、全面建设社会主义现代化国家的重大历史任务，是新时代"三农"工作的总抓手。党的二十大报告进一步指出"全面推进乡村振兴，坚持农业农村优先发展"，并提出要以"中国式现代化"指引乡村振兴，开启了建设中国式乡村现代化的新征程。

肩负建设"重要窗口"使命的浙江省在乡村振兴方面自然要先行一步，于 2019 年 3 月启动了"未来社区"试点建设工作。衢州市高起点谋划、高标准推进，在全省率先将"未来社区"的概念从城市延伸至乡村，围绕"活力新衢州、美丽大花园"的核心定位，坚持以人为本、以聚合新型农村社区为目标、以"人本化、田园化、科技化、融合化"四化为理念内涵，全面构建集合"自然味、农业味、人情味、生活味、烟火味、诗画味、人文味、乡韵味、科技味"九场景于一体的现代"乡村版未来社区"，开启了乡村未来社区建设的有益探索。

衢州学院是衢州市唯一一所本科院校，在办学过程中，充分发挥高校智库作用，服务地方经济社会发展。2019 年，衢州学院与龙游县人民政府签署框架合作协议，全面合作共建"乡村未来社区"，以龙游溪口乡村未来社区建设为重点，推进在人才共享、重大课题等领域的全面合作。2020 年，衢州学院在溪口成立"未来乡村学院"，推行"知智育乡人、科技兴乡业、文化铸乡魂、品牌扬乡名"行动，广泛开展校地合作，助推美丽经济、幸福产业发展。2021 年 10 月，浙江省农业农村厅发布《关于加快推进乡村未来社区试点的建议》（第 244 号）提案的答复，指出"龙游县溪口乡村未来社区建设试点成效明显，实践经验非常值得总结推广"，并在总结溪口经验的基础上，提出全省未来乡村建设的总体目标。在此基础上，溪口乡村未来社区升级为溪口未来乡村，并在营造新乡

后　记

里、打造乡村新团队、壮大乡村新业态等方面取得明显成效和很多成功的经验。

作为衢州学院的一名教师，我有幸参与到学校服务溪口乡村未来社区建设以及溪口未来乡村建设的工作中，逐步加深了对未来乡村的理解和认识。从2020年暑假开始，我与团队成员一起就溪口乡村未来社区建设以及未来乡村建设开展了多轮调查和研究，积累了诸多思考，以此成书，抛砖引玉，望有更多学者关注未来乡村建设的探索与实践。

在撰著出版本书的过程中，我得到了沈小龙博士的耐心指导，团队中杨婕屿、姜晨、何津松、赵盼盼、沈小龙等老师也参与了书稿的撰写工作，获得龙游县溪口镇人民政府和居民的积极配合和支持，还有不少关心我的亲朋好友，在我研究和写作过程中一直给予支持和鼓励。对上述同志的无私帮助，在此表示由衷的感谢！由于自身的学识有限，调研的对象还不够丰富，调研还不够深入，书中难免有疏漏或不当之处，恳请专家同仁和广大读者不吝指正。

吴宏伟